Le prix de la confiance

Une révolution humaine
au cœur de l'entreprise

Groupe Eyrolles
61, bd Saint-Germain
75240 Paris Cedex 05

www.editions-eyrolles.com

Révision : Catherine Tranchant

Didier PITELET

Le prix de la confiance

Une révolution humaine
au cœur de l'entreprise

EYROLLES

Du même auteur

Les 7 clés du leadership, Philippe Wattier (dir.), éditions de l'Archipel, Paris, 2010

Les Patrons sont morts… Vive les patrons : les enjeux de la réputation de l'entreprise, Alban éditions, Paris, 2009

La nouvelle parole de l'entreprise : essai sur le marketing social, Médialivre, Paris, 2005

Regards sur l'avenir des jeunes, éditions GT, Paris, 2003

Au nom des autres : dis-moi qui est ton DRH, je te dirai quel président tu fais, éditions LPM, Paris, 2001

Remerciements

L'aventure d'un livre n'est jamais une aventure solitaire ; elle croise la route de plusieurs acteurs, contributeurs directs ou indirects. Celui-ci doit beaucoup aux équipes de Moons'Factory qui chaque jour donnent un sens à mon travail d'entrepreneur. Il doit aussi beaucoup aux personnalités citées en exemple avec lesquelles j'ai plaisir à partager et à bâtir. Il doit enfin beaucoup à mes compagnons de route, qui sont bien plus que des amis ou de la famille : des exemples. Ce livre est un hymne à la fidélité aussi.

À tous, je leur adresse ma plus profonde gratitude.

À Laurence, Nathan, Hannah.

Il faut avoir une musique en soi pour faire danser le monde.

Friedrich Nietzsche

Table des matières

CHAPITRE 9 L'ENTREPRISE DOIT REDEVENIR UNE VÉRITABLE AVENTURE HUMAINE

CHAPITRE 10 LES SEPT CLÉS DE LA CONFIANCE

CONCLUSION ESPÉRONS, ESPÉRONS, ESPÉRONS

Pensées intimes (une révolution humaine)

Tous les deux, trois ans, j'ai la joie de vous retrouver, ami lecteur, vous qui me faites cet honneur incroyable de lire mes ouvrages. Ne prétendant à aucune œuvre littéraire, je vous sais indulgent, mais en une douzaine d'années je vous sais aussi de plus en plus exigeant et « rebelle » quant à notre environnement.

Modestement, je cherche à vous offrir ce que la plupart du temps je facture, plus ou moins chèrement, à mes clients : mon expérience sans fard de la réalité quotidienne de l'entreprise et mes rêves d'un monde que je souhaite, comme beaucoup, meilleur. Mes livres sont de simples outils pour décoder, comprendre, loin des manuels à la mode où la pensée dominante ne l'est que pour un temps. À vous, si vous le souhaitez bien sûr, de vous les approprier.

Dans *L'Amour liquide*, Zygmunt Bauman écrit : « L'homme moderne n'est pas sans qualités, il est devenu sans liens, sans attaches. Cette "déliaison" peut être vue comme une libération (l'éthique préfabriquée des publicitaires) mais c'est aussi le danger de la solitude et de la déréliction… Le monde liquide de la modernité triomphante est celui de la liberté, de la flexibilité mais aussi de l'insécurité où l'on jauge, évalue, choisit, jette, où l'on passe des contrats et des marchés temporaires… Les relations durables ont été liquidées au profit de relations flexibles, de connexions temporaires et de réseaux qui ne cessent de se modifier… » Ce constat n'échappe pas à l'entreprise et à l'économie en général et est au cœur même de l'ambiance actuelle dans notre vieux pays et bien d'autres.

L'individualisme a pris le pas sur l'intérêt général sous la pression d'une culture qui privilégie l'avoir à l'être, au détriment d'un idéal humain réduit à de la littérature « humaniste » qui fait les choux gras des éditeurs. *Cette société du vide s'appuie sur le pire des fléaux : l'ignorance élevée en système.* Cela est vrai pour le système scolaire en décalage complet avec les besoins en compétences du monde professionnel, cela est vrai pour la plupart des bastions syndicaux qui entretiennent dans leur fonds de commerce l'illusion d'un monde révolu, cela est vrai aussi dans l'entreprise où le diktat du court terme fige chacun dans un passé inavoué et où le sentiment de ne rien bâtir crée un vide existentiel, véritable prison de l'âme, à l'origine du spleen ambiant.

Les trente piteuses se sont réfugiées dans les mirages d'un mieux-vivre matériel allant jusqu'à considérer *l'être comme un acquis* ; heureusement, le sens de l'histoire ne l'entend pas forcément ainsi. Même si certains sociologues ou autres esprits avertis commencent, à force de slogans, à nous annoncer, après ces trente piteuses, l'entrée dans les « trente frileuses » ou les « trente peureuses », une conscience universelle d'un mieux-vivre émerge indiscutablement sous nos yeux. Malgré la rhétorique toujours très masculine des pouvoirs politiques (lire *Guerre et Paix au XXIe siècle* de Christian Saint-Étienne), les peuples et en particulier la jeunesse du monde jettent des ponts au-delà des différences *via* notamment le Web, nouvelle conquête de la démocratie moderne. La révolution de Jasmin en est un bel exemple même si l'ombre de l'islamisme fait aussi craindre le pire.

Depuis des années, les travaux que je mène avec mes équipes confortent l'idée d'un basculement irréversible d'un champ de valeurs très masculines – la force, l'ego, le cynisme, la lâcheté (…) – vers un référentiel plus féminin avec la réhabilitation du temps, de l'autre, du partage, de l'ouverture (…). Ce constat est devenu une réalité qui s'invite dans le monde clos de l'entreprise et nous offre une opportunité historique pour sortir du quotidien inoculé par les médias sur le thème « rien ne va plus, on est tous foutus ». Il paraît d'ailleurs que les Français sont l'un des trois peuples les plus pessimistes de la planète et dont à peine la moitié de la jeunesse envisage son avenir comme prometteur. Et pourtant nous sommes les champions de la natalité. Exception française oblige. Mais à force de ne voir le verre qu'à moitié vide, c'est sûr que le bureau des plaintes a encore de beaux jours devant lui.

L'entreprise dans tout ça ? Tantôt bouc émissaire de tous les maux, tantôt théâtre de toutes les luttes des classes, elle est en lévitation sur un monde qui éclate et dans lequel elle essaie de jouer un rôle sans trop comprendre les attentes de ses parties prenantes de plus en plus informées et exigeantes. Être puissant, créer des emplois ne suffit plus pour avoir l'estime de la collectivité. Son image est tellement dégradée, en France comme dans beaucoup de pays, que ses tentatives de dignité affichées restent inaudibles. En interne comme en externe, l'entreprise vit aujourd'hui la plus grande crise de confiance de son histoire : une crise morale majeure.

La reconquête de la confiance est le défi des années à venir, encore faut-il comprendre que mériter la confiance de tiers commence déjà par savoir faire confiance. Face à cet univers féminin qui se dessine, être légitime dans des liens temporaires ou pérennes impose aux dirigeants, en cette deuxième décennie du XXIᵉ siècle, de s'éduquer à des vertus nouvelles : l'écoute, le don de soi, le partage et, osons le mot, la générosité.

L'entreprise n'est et ne sera jamais une démocratie (heureusement), en revanche elle souffre de ne plus être une communauté cohérente et harmonieuse, elle souffre du grand écart imposé par une communication toujours plus belle et une réalité toujours plus tristounette à l'exemple de ce grand groupe industriel dont la pub RH gagne tous les grands prix et dont 50 % des salariés déclarent ne rien comprendre à sa stratégie ou encore ce leader de l'assurance qui *truste* les places de premier de la classe pour sa politique RH et est assassiné sur les médias sociaux pour sa discrimination et le harcèlement de son management.

La reconquête de la confiance est le postulat de l'attractivité et de l'engagement des salariés, mais aussi de l'adhésion des clients. « Est-elle digne de confiance ? », telle est la question que se posent et se poseront de plus en plus d'interlocuteurs de l'entreprise. La confiance interpelle les dirigeants, scrute le modèle de management, est attentive aux rumeurs des salariés (du stagiaire au retraité). Elle dégonfle les ego et autres arguments artificiels des statuts au profit d'un vivre ensemble assumé. Elle préfère les humbles qui ont le courage de dire « je ne sais pas » ou encore de reconnaître les progrès qu'il leur reste à faire, aux arrogants qui fanfaronnent sans se soucier de l'après-vente. Luc Ferry écrivait récemment : « Les gentils ont de l'avenir » ; je crois qu'il a raison et que l'entreprise va découvrir que sa vraie raison d'être – en parallèle de sa performance économique – c'est aussi de donner du plaisir. Les plus jeunes, eux, en sont convaincus ; pour une fois, n'ayons pas peur de les écouter et ne commettons pas l'erreur de les prendre pour ce que nous sommes, mais en plus jeunes…

Ce combat de la confiance, car il s'agit bien d'un vrai combat contre les habitudes, les idées reçues, les sectarismes divers et variés, élève *la marque en capital confiance de l'entreprise.* Plutôt que de segmenter sa parole selon les thèmes à la mode (RSE, parité, diversité, développement durable…), acceptons de décloisonner sa dimension Marque Employeur d'un giron RH devenu trop étroit face aux défis précédents pour en faire l'objectif prioritaire de la réputation d'entreprise. Cet objectif est une opportunité, là encore, historique, tant pour les dirigeants, que pour les DRH qui pourront, après avoir été catalogués « bras armés de la finance », espérer devenir les « guerriers de la confiance ». Il en va de leur crédibilité mais aussi de l'essence même de leur mission. S'ils ne relèvent pas ce défi, d'autres le feront à leur place. Ils sont déjà identifiés : marketers, publicitaires et autres marchands du temple du 2.0 ; rien de très humain en effet.

Le contrat social et moral entre la marque et son environnement va l'obliger à dévoiler son intimité, à se donner à partager. La marque ne va plus se contenter de vendre ou de recruter, elle va agir, argumenter, partager, échanger. Son leadership ne passera plus exclusivement par ses parts de marché ou encore son chiffre d'affaires, mais par sa capacité à éclairer, à défendre des valeurs portées par des salariés, à accueillir et vivre des différences au-delà des quotas, à développer la liberté d'expression, à créer du lien et à avoir de vrais leaders engagés et non plus interchangeables comme c'est trop souvent le cas. La dimension existentielle de la marque est un levier à la portée de tous, encore faut-il en respecter l'ADN.

« L'homme qui ne veut regarder le miroir ne peut espérer le traverser », écrivait Kipling ; aujourd'hui où tout se sait, tout se dit en temps réel, peut-on encore hésiter ? C'est une question de confiance en soi.

Malgré les apparences où tout va mal, où le monde se fissure de partout, nous avons la chance de vivre une époque incroyable qui donne naissance à une humanité universelle. Derrière la belle formule est engagée **une révolution humaine** sans précédent. L'Ancien Monde incarné par les puissances coloniales d'hier est bousculé par les anciennes colonies et les nations, il y a encore peu, qualifiées en voie de développement. L'addition de Yalta et de l'accumulation des conflits européens laisse un chaos indescriptible d'où émergera un ordre nouveau. *Ordo ab chaos* !

Ce monde nouveau s'invente sans respecter forcément les règles passées et c'est tant mieux ! Il vient de la jeunesse du monde, hyperconnectée, qui sait tout en temps réel et qui rêve, face aux dettes abyssales laissées en héritage par leurs aînés, d'une vie moins égoïste, moins matérialiste, plus respectueuse des différences et surtout moins schizophrène… Point de guillotines en place publique mais la puissance révolutionnaire des médias sociaux. Point de slogan mais la force des images et des témoignages.

Nombre de sociologues et autres esprits aiguisés affirment que les jeunes générations n'ont pas d'idéaux, contrairement à leurs ainés qui étaient partis à la guerre, avaient contribué à reconstruire le pays ou même « fumé un joint » en rêvant de l'éden post-soixante-huitard… Comment peut-on à ce point mépriser l'avenir ? De quel droit ose-t-on rêver pour nos enfants un avenir copié-collé sur le nôtre ? Pour la première fois, les nouvelles générations et en particulier les Z que j'aime qualifier de « mutants » (comme vous le lirez dans le chapitre qui leur est dédié), qui sont sur le point d'arriver sur le marché du travail, inventent sous nos yeux de nouveaux codes, de nouveaux langages[1][2]. La rupture ne se fait pas en surface comme hier par la distinction des styles vestimentaires, elle se fait en profondeur au niveau des sentiments. Enfants de la dette, enfants du chômage, enfants du divorce, enfants de la désacralisation des religions… Quel poids sur les épaules, mais aussi quelle liberté ! Et pourtant, bâtisseurs de l'avenir, ils rêvent de partage, d'équité. Plus lucides, ils rejettent la démagogie, se rêvent entrepreneurs, vantent le mérite du *small is beautiful* dans un monde totalement ouvert.

En vingt-cinq ans de carrière et de vie quotidienne en entreprise, je n'ai jamais vu autant de mal-être qu'aujourd'hui dans les entreprises – le stress, le *burn out*, l'indifférence, le cynisme sont partout – et pour autant toutes les raisons de croire en l'avenir sont là. Jamais l'entreprise n'a été aussi importante pour l'avenir intergénérationnel, pour la mixité sociale, ou pour rêver ! Le drame est qu'en l'état, elle ne fait rêver personne !

---

1. Voir l'ouvrage de Michel Serre, *La Petite Poucette*, Éditions Le Pommier, Paris, 2012. Pour son auteur, un nouvel être humain est né.

2. À ce propos, depuis Richelieu, l'Académie française publie, tous les vingt ans environ, son *Dictionnaire*. Autrefois, on observait un différenciel de quatre à cinq mille mots supplémentaires entre deux éditions ; entre la dernière et la prochaine, il sera de près de trente-cinq mille mots.

La faute à qui ? Pourquoi ? Comment en sommes-nous arrivés à un tel gâchis, à un moment où une nouvelle génération s'apprête à vivre sans l'Ancien Monde, à importer de nouveaux rites, de nouveaux repères ?

L'idée de ce livre est de vous offrir, ami lecteur, une vision prospective postcrise qui élève encore une fois la confiance en enjeu majeur des dix ans à venir : confiance sociétale, confiance politique, confiance employeur… Le postulat est clairement de présenter la crise des *subprimes* et de la dette de 2008 comme une incroyable chance à saisir : paroxysme d'un vieux monde, elle a créé un éveil planétaire des consciences au moment même où le mythe de l'humanité réunifiée prenait vie sous nos yeux par réseaux sociaux interposés. Depuis le premier choc pétrolier de 1975, l'économie des pays dits riches n'a vécu qu'au rythme d'une succession de crises de plus en plus rapprochées et d'un endettement devenu asphyxie aujourd'hui. Le prix de la confiance impose une rupture de sens et une réhabilitation de l'humain dans tous les rouages à commencer par le monde de l'entreprise devenu froid, brutal, inhumain.

Ce livre a pour objectif de suggérer des chemins à suivre pour partir à la reconquête de la confiance perdue. Il veut interpeller chacun au fond de soi en le présentant comme un *acteur* de demain. Sur le court terme, peu d'illusions nous sont permises, les années noires sont devant nous mais l'horizon se dessine déjà, y compris en France où il semble pourtant impossible d'échapper à une déprime médiatico-politique, devenue symbole national à l'étranger. De nouveaux comportements émergent, de nouveaux leaderships aussi.

Ma foi en l'homme est telle que je sais que le meilleur est à inventer et que la confiance sera la grande conquête des années 2015-2025, contre tous les dogmes. L'entreprise a un rôle majeur à jouer dans ce combat. Encore faut-il qu'elle en ait les moyens, le courage, la volonté et les chefs.

Ami lecteur, j'espère vous faire partager cette foi.

Bonne lecture.

Votre dévoué.

Chapitre 1

Les racines de la démotivation

Une profonde déprime • Trente-cinq ans d'impasse économique • Remèdes occidentaux contre médecine chinoise • L'entreprise bouc émissaire • Mention passable pour la cinquième puissance mondiale • Un modèle hiérarchique obsolète • De l'employé Kleenex au patron interchangeable • L'inévitable repli sur soi • Les salariés français champions de la démotivation • Les ravages du *court-termisme*

Ami lecteur, cela ne vous aura pas échappé, 2012 aura été marquée par une nouvelle alternance politique en France et dans différents pays d'Europe. La crise de 2008 fut impitoyable pour les politiques qui ont dû l'affronter. Mais ce qui fut le plus étonnant avec l'arrivée de François Hollande au pouvoir, ce fut l'absence d'état de grâce. Des promesses électorales à la *realpolitik* en 48 heures chrono et une chute vertigineuse de popularité en quelques mois… Au-delà des programmes et des styles, la médiocrité affligeante de ce combat, phagocyté par un antisarkozysme primaire pour le sacre du septième président de la Vᵉ République, renforça comme jamais le divorce entre les Français et leurs élites.

Un mois avant le premier tour, alors que la campagne battait son plein, un sondage Ifop-*Journal du Dimanche* annonçait que 32 % des électeurs étaient tentés de ne pas aller voter. Soit, selon l'Ifop, « un record

historique de l'abstention pour le premier tour d'un scrutin présiden-
tiel » qui « confirmerait le cycle abstentionniste que connaît le pays
depuis 2007 ». Au final, l'abstention rentra dans le rang sans faire toutefois oublier que 20 % des jeunes se sont prononcés pour le Front
National. La crise de confiance dont souffre la société française est en effet ancienne ; elle ne date pas de 2008 et déborde largement du cadre de
la crise financière et économique que nous traversons depuis l'été 2011.
« Les Français sont hantés par une idée terrible que demain sera laid
et que l'irréparable est en nous » (Claude Askolovitch, 24 août 2012).
« Les Français, qui furent longtemps coqs juchés sur leur tas de fumier,
sont désormais poulets de batterie. On peut déprimer » (Michel Onfray,
Marianne, septembre 2012).

UNE PROFONDE DÉPRIME

L'impasse économique dont nous sommes prisonniers est le ciment de
cette profonde déprime, qui a plongé la confiance des consommateurs
français au 21e rang sur 27 pays européens au quatrième trimestre 2011,
selon l'enquête sur le moral des ménages dans le monde de l'Institut
Nielsen. Mais si la sécurité de l'emploi est la première préoccupation
des Français (19 % des personnes interrogées), l'éducation des enfants
arrive ensuite, à égalité avec l'état de l'économie (12 %). L'Hexagone est
en proie au doute.

Six Français sur dix estiment que le fonctionnement de la démocratie en
France n'est pas bon ; 52 % ne font confiance ni à la gauche ni à la droite
pour gouverner[1]. Le parallèle avec les entreprises s'impose de lui-même.
Seulement 37 % des Français pensent que la parole de ces dernières est
authentique et 48 % ne croient même pas au discours de leur propre entreprise. Aucune institution n'est épargnée par la mélancolie nationale,

---

1. Source : Cevipof, *Le Monde*, 3 novembre 2011.

pas plus le public que le privé. « Le hiatus entre compétence et légitimité est partout et va probablement structurer à l'avenir une grande part des débats entre les citoyens et toute forme d'autorité : politique, économique, marketing », explique Yannick Carriou, directeur général d'Ipsos France[2]. On pourrait ajouter : sociale et humaine. De plus, le cinquième pouvoir, les médias, est en passe de devenir un pouvoir faiseur de rois, soufflant sur les braises et attisant sans cesse les sujets populistes. Rien ne va, Monsieur le rédacteur en chef : aucune entreprise ne fonctionne et n'est vertueuse, aucun Français n'est heureux, aucun leader n'est à la hauteur. Heureusement que vous êtes là ! Rideau. Pour les médias, l'essentiel est de ne parler que de ce qui ne va pas ; le sensationnel morbide fait loi médiatique. La vertu n'a pas le droit de cité. À croire que le métier de journaliste est l'expression permanente d'une psychanalyse collective menée par des psys eux-mêmes profondément perturbés…

Trente-cinq ans d'impasse économique

Comment en sommes-nous arrivés là ? Tout a commencé en 1974 avec le premier choc pétrolier et le début du chômage de masse. Depuis, les crises n'ont cessé de se succéder et les dirigeants politiques les ont gérées les unes après les autres, au cas par cas, avec une grille de lecture conjoncturelle et l'illusion de lendemains toujours meilleurs. De fait, avec la complicité des médias, personne ne se sent coupable de la situation, alors que droite et gauche gèrent depuis près de quarante ans une crise continue et structurelle : la monarchie républicaine des présidents Mitterrand et Chirac a créé une impunité démagogique hallucinante et arrogante.

Dans les années 1970 et 1980, les cycles, jalonnés par les deux chocs pétroliers, étaient assez longs. Mais le rythme s'est accéléré. Crise du

© Groupe Eyrolles

---

2. « La vérité des gens normaux », publié le 23 janvier 2012 sur ipsos.fr.

système monétaire européen, puis crises économiques mexicaine et asiatique, crise financière russe, crise argentine dans les années 1990. Éclatement de la bulle internet, crise des *subprimes* depuis la fin des années 2000 et, aujourd'hui, crise des dettes publiques et de l'euro…

À chaque étape, la montée du chômage s'est conjuguée avec celle de la dépense publique. Le dernier budget de l'État français à l'équilibre remonte justement à 1974. Le taux de chômage en France, parti de 3 % de la population active début 1975, a franchi le seuil des 10 % en janvier 2012[3] et devrait atteindre selon toutes les estimations les 11 % en 2013. La progression conjointe de ces deux courbes, déficit public et chômage, administre la preuve que, depuis presque quarante ans, les réponses à la crise ont été précisément conjoncturelles et non pas structurelles. Le seul gouvernement ayant réussi à baisser le déficit public fut celui de François Fillon lors de sa dernière année de fonction. Cela coûta en partie l'élection présidentielle à Nicolas Sarkozy, face aux promesses de son adversaire qui se transformèrent pourtant cinq mois plus tard en cauchemar automnal sur le plan fiscal. Comble de la cohérence des Français, début août 2012, 66 % selon une enquête de BFM souhaitaient que Sarkozy se représente. Ahurissant !

REMÈDES OCCIDENTAUX CONTRE MÉDECINE CHINOISE

Faisons une analogie en comparant la médecine chinoise et la médecine occidentale. En médecine occidentale, quand vous avez mal quelque part, on vous applique une pommade ou on vous fait une piqûre à l'endroit de la douleur. En médecine chinoise, on met tout en œuvre pour trouver l'origine du problème, qui peut être à l'extrémité du corps, psychologique ou autre. La France, depuis quarante ans, fait de la médecine occidentale : elle traite le symptôme plutôt que le mal. Nous faisons du

---

3. Source : Eurostat.

traitement social au lieu de réformer. Car nous n'avons rien anticipé des évolutions du monde. Mais la réalité a fini par s'imposer. L'État providence, c'est fini. Et l'emploi à vie est une chimère. Le fameux modèle social à la française, donnant des leçons au monde entier, s'illustre désormais par la paupérisation croissante d'une partie de la population, et des jeunes en particulier ! La France a glissé hors de son temps contrairement aux pays émergents ou à d'autres comme le Canada qui a su se réformer très tôt.

« La seule réalité de la mondialisation, ce n'est pas qu'elle nous opprime, c'est que nous l'avons ratée », disait Olivier Ferrand, député socialiste et président de Terra Nova et d'ajouter : « Depuis l'an 2000, notre part des échanges mondiaux a baissé de 40 % ; ce chiffre-là seul marque le déclin. Il explique tout le reste, l'économie en peau de chagrin, l'inexistence qui se profile et la société en proie aux fantasmes. » Marginalisée, la France en égare les Français et génère contre elle-même un communautarisme qui va à l'encontre des valeurs républicaines et laïques. Le nombre impressionnant de drapeaux algériens à la Bastille et rue Solférino, le soir de l'élection de François Hollande a de quoi surprendre et interpeller jusqu'au plus tolérant et humaniste des Français.

Comme ces vieilles familles qui continuent à porter beau alors qu'elles sont ruinées, la France charrie tous les archaïsmes sociaux et se drape dans un héritage – les Droits de l'homme, les acquis sociaux… – qu'elle n'a plus les moyens d'assumer. Au lieu d'avoir engagé, dès les premières crises, un minimum de réflexion prospective, nous nous sommes figés dans une arrogance d'ordre culturel, tant au niveau des politiques que des organisations et des entreprises. Résultat, nous venons de vivre près de quarante ans de Yo-Yo social et d'irresponsabilité républicaine, jetant en pâture le sens du bien collectif à toutes les formes d'égoïsme primaire. La patrie de Rousseau marche sur la tête au profit d'un repli sur soi qui atrophie toute forme de dynamisme en faveur de tribuns populistes qui assurent les taux d'audience. Conséquence directe, les élites ont perdu toute crédibilité. Leur parole, quelles que soient leurs origines politiques, de même que la parole des entreprises, n'est plus du tout écoutée. Parce qu'elles ne constituent qu'une somme de promesses non tenues, vis-à-vis desquelles nous nous réveillons aujourd'hui, face à un mur, affligés d'une tenace gueule de bois. La France ne croit plus en elle, ose à peine sortir son étendard une fois par an pour le 14 juillet symbole d'une aura universelle qu'elle prétend toujours assumer. L'ignorance et la mollesse ont pris le pas sur l'envie et l'audace. A contrario, la plupart des pays, en crise ou pas, mais qui s'en sortent, ont tous en commun une fierté affichée d'être eux-mêmes à l'image des superbes cérémonies d'ouverture et de fermeture des jeux Olympiques de Londres, l'été 2012, ou encore des États-Unis, du Canada, d'Israël et d'autres où tous les 500 mètres flotte leur bannière. Être fier d'être Français veut-il dire quelque chose aujourd'hui ? Et par lien direct être salarié français ?

Une infime élite multiculturelle regarde ce spectacle avec dépit, compare, déplore, mais au final se contente souvent de donner des leçons sans remèdes alors même que les vies, elles, à l'heure de l'hypermondialisation, sont bien locales.

L'entreprise bouc émissaire

Dans ce contexte, l'entreprise endosse malgré elle le rôle de bouc émissaire. Elle est montrée du doigt, non sans lâcheté, par les politiques. On essaye de lui faire porter tous les blocages de la société civile : chômage, inégalités, refus de la diversité, etc. Dans l'opinion publique, l'entreprise ne peut pas être une source de réalisation, d'épanouissement, de statut social, sauf pour une certaine élite qui reste décriée car coupée du peuple.

En France, le patron est un salaud, l'entreprise fait du fric sur le dos des gens. « Casse-toi, riche con » titrait *Libération* le 10 septembre 2012 au sujet de Bernard Arnault, le patron de LVMH qui, pour créer un choc dans l'opinion, en écho aux mesures fiscales du gouvernement, avait annoncé son souhait de prendre la double nationalité belge. Celui qui a bâti en quelques décennies le premier groupe de luxe mondial, maintenu un vrai outil de production en France, créé des milliers d'emplois et véhiculé une idée magnifiée du luxe à la française avec ses marques emblématiques devenait l'ennemi public numéro un ; affligeant, pathétique, terrible pour notre image. « En France, on confond riches, patrons et entrepreneurs », se lamente Marc Simoncini, auteur de *Grandeurs et misères des stars du Net* (Grasset) et emblématique patron de Meetic, le 11 octobre 2012 dans *Le Point*.

Certes, on pourra dire que ce n'est peut-être pas très nouveau dans un pays où l'entreprise a longtemps été considérée comme le lieu de l'exploitation de l'homme par l'homme… Mais la parenthèse des Trente Glorieuses avait partiellement gommé cette image d'Épinal, sans doute parce que le chômage n'existait pas et que, s'il y avait des conflits sociaux, ceux-ci constituaient des combats de progrès. Aujourd'hui, les luttes sociales sont défensives ou régressives.

Les médias français, qui ont du mal à véhiculer une grille de lecture autre que misérabiliste du monde du travail, entretiennent le discrédit porté à l'entreprise. Les bonnes nouvelles étant réputées n'intéresser personne, qui parle aujourd'hui du plein emploi des cadres ? Avec moins de 5 % de chômage, le nombre de créations d'emplois dans l'encadrement devrait passer de 194 000 en 2011 à 232 000 en 2015[4]. Bien sûr, il y a de la pauvreté en France, des travailleurs précaires, des entreprises qui ferment, des licenciements, une majorité de femmes moins bien payées que les hommes, du harcèlement ou des discriminations à l'embauche. Mais admettons que, pour la majorité de nos concitoyens, il fait bon vivre dans l'Hexagone : 87 % des Français se déclarent heureux, selon un sondage CSA de 2010. Dans les entreprises, près des deux tiers des

---

4. Source : Apec.

salariés approuvent le slogan « J'aime ma boîte », selon le mouvement
Entreprises à taille humaine, indépendantes et de croissance (Ethic)[5].
L'adhésion demeure majoritaire même si elle a régressé de 15 points en
cinq ans.

Et pourtant les Français restent frustrés. Cette morosité dévastatrice,
tous les leaders des quarante dernières années en sont comptables. Les
politiques sont très clairement coupables d'avoir tiré l'enseignement
vers le bas en décrétant que 80 % d'une tranche d'âge devrait avoir le
bac et en multipliant les filières universitaires bac + 5 qui ne débouchent
sur aucun emploi. Coupables aussi d'abandonner à leur sort chaque année 160 000 jeunes qui quittent le système scolaire sans aucun diplôme
et dont la plupart ne sont pas capables d'aligner deux phrases en français correct. Aucune entreprise normale ne les recrutera !

Le niveau d'instruction a baissé de manière considérable en vingt-cinq
ans. Il suffit pour s'en convaincre de constater le nombre d'enfants arrivant en sixième avec un niveau moyen de connaissances déplorable,
aussi bien en français que dans les matières scientifiques[6] ; de lire les
copies de bacheliers, qui ont certes leur diplôme, mais font une faute
d'orthographe à chaque ligne ; ou encore de parcourir des lettres de
motivation manuscrites de candidats bac + 5 truffées de fautes de français… Sur ce point, j'encourage tous les recruteurs à réhabiliter la lettre
de motivation manuscrite. Loin du correcteur d'orthographe instantané, le résultat est édifiant.

MENTION PASSABLE POUR LA CINQUIÈME PUISSANCE MONDIALE

L'enquête PISA (Programme international pour le suivi des acquis des
élèves), menée par l'Organisation de coopération et de développement

---

5. Sondage Opinionway de juillet 2011 pour Ethic.
6. Relire Jean-Paul Brighelli, *La Fabrique du crétin*, Gallimard, Paris, 2006.

économique (OCDE) sur près d'une soixantaine de pays, classe la France en dessous de la moyenne dans les trois domaines évalués : lecture, mathématiques, sciences, où l'Hexagone émerge respectivement aux 22e, 22e et 18e rangs. La cinquième puissance mondiale peut mieux faire ! Plus globalement, c'est l'appétit de connaissances qui a baissé. En une trentaine d'années, l'Éducation nationale, incapable de se remettre en question, a ruiné l'appétit d'apprendre.

Autre renoncement, la suppression du service militaire, non remplacé par un service civique obligatoire, est un mauvais coup porté à la cohésion sociale. Le service militaire, en faisant se côtoyer les riches et les pauvres, les ouvriers et les ingénieurs, les juifs, les musulmans, les chrétiens, les athées, etc., participait à la prise de conscience républicaine. Par quel creuset citoyen le vivre ensemble de la nation peut-il s'exprimer ? Dans la cité, le communautarisme s'impose progressivement. À l'école, on frôle l'échec. La fragmentation du monde associatif atteint ses limites. Reste l'entreprise…

Un modèle hiérarchique obsolète

Malheureusement dans les entreprises, en particulier les grandes, l'aveuglement des dirigeants quant aux mutations du monde est aussi en cause. L'entreprise est aujourd'hui devenue un milieu ouvert mais tout se passe comme si, en France, nul ne s'en était rendu compte. Elle reste centrée autour du chef qui sait tout, voit tout et à qui l'on doit allégeance. Et qui ne fait plus rêver personne. Or les nouveaux leaders le seront par leur capacité à fédérer, à motiver, à être exemplaires. De même, il est irresponsable de maintenir un modèle hiérarchique structuré de haut en bas, alors qu'aujourd'hui les chefs sont devenus interchangeables et le monde totalement transversal !

De l'employé Kleenex au patron interchangeable

Les « vrais » patrons ont cédé en effet la place à des dirigeants interchangeables, comme je l'avais démontré dans mon précédent ouvrage
Les Patrons sont morts. Vive les patrons[7]. Ils savent mener à bien des
plans à trois ou cinq ans fondés sur la maîtrise des coûts et sur les gains
de productivité. Mais la plupart d'entre eux ne se pensent pas en tant
qu'employeurs. Ils s'écartent de l'histoire humaine de leur entreprise
pour n'en suivre que la ligne économique. Or un taux de rentabilité n'a
jamais fait rêver le commun des mortels… Le court-termisme des marchés financiers est un piège pour les dirigeants d'entreprise. Pris dans
la masse, ces cadres supérieurs ne s'octroient pas le temps de la motivation et du partage. Ils échangent avec leurs collaborateurs directs mais
ne descendent guère en dessous. Ils ne peuvent donc pas faire vivre un
projet partagé.

Nous sommes comme prisonniers d'une sorte de gangue qui forme la
toile de fond de la désillusion des citoyens et des salariés, et au final
mène au repli sur soi. L'individualisme a pris le pas sur l'intérêt général.
La crise permanente menace l'idéal républicain et relativise, voire trahit,
notre devise nationale, Liberté, Égalité, Fraternité.

Dans l'entreprise, elle a progressivement conduit à marginaliser l'individu. Aujourd'hui, celui-ci est plus que jamais relégué à la condition de
simple ressource. Et cet « individu-ressource », simple facteur de production ramené à sa valorisation financière, compte finalement comme
quantité négligeable à l'échelle de l'organisation globale. L'économie se
tend et l'on raisonne immédiatement en termes d'économies de coûts,
plutôt que de penser « mobilisation, motivation et engagement ». En
temps de crise, il est plus facile de tailler que de dégager de la créativité.

---

7. Didier Pitelet, *Les Patrons sont morts. Vive les patrons*, Alban Éditions, 2009.

Même les cadres ne sont plus épargnés. Eux aussi atteints par l'explosion du chômage dans les années 1991 à 1993, ils ont perdu leur statut d'élite privilégiée. Quand les enfants de ces « guerriers de l'entreprise » ont été les témoins de leur déroute, cela fut un vrai drame. Or, dix ans plus tard, le phénomène se reproduisait. Au début des années 2000, la deuxième « génération Kleenex » faisait les frais d'une nouvelle crise, retirant tout crédit à la parole de l'entreprise sur les notions d'engagement, de fidélité, de carrière.

Montrant qu'elles n'avaient pas tiré les enseignements de la crise précédente, les entreprises ont appliqué au début des années 2000 les mêmes recettes que dix ans plus tôt : l'économie va mal, on coupe les têtes ! Les directeurs des ressources humaines (DRH) avaient à peine réussi à mettre de côté les clichés d'anciens militaires reconvertis qui les suivaient de très près que, soumis aux aléas de l'économique dominant, ils devinrent les fossoyeurs de la ressource humaine, le bras armé de la sale besogne. La DRH, cette fonction essentielle, a perdu son âme pour être aujourd'hui l'une des plus mal aimées. Le mal-être que j'ai cité précédemment est aussi le miroir de la dégradation de cette fonction incapable d'insuffler une vision de l'humain dans le business, n'en déplaise aux partisans des discours politiquement corrects sur la RSE et autre diversité. Si l'entreprise et, avec elle, les actionnaires avaient donné plus de moyens aux DRH pour mener de vraies politiques de développement RH, en serions-nous là ? L'entreprise n'a pas su faire preuve de créativité dans sa capacité à adapter l'outil de travail, sous la logique du toujours plus du dogme financier. Vivre les crises comme des opportunités, des moments de respiration atypiques et de réflexion sur l'esprit de corps, n'est pas inscrit dans les manuels de management à la mode. Et l'humain de rester, encore et toujours, une simple ressource, édifiant d'ambition, de courage, de créativité et d'humanité.

Même si cette réalité qui dérange est la norme que je constate au quotidien dans 80 % des entreprises, par le biais de mon travail, il en existe certaines qui donnent de l'espoir en veillant à garder l'humain au cœur du cercle. En ce sens, le Nord peut servir de référence avec la galaxie Mulliez qui a une volonté de progrès humains permanents, même si le monde idéal n'existe pas bien sûr. À l'exemple d'HappyChic (Jules, Brice, Bizzbee) dont le DRH Frédéric Taquet est obsédé par l'innovation managériale et a lancé « la nurserie des possibles » pour développer l'intelligence collective et permettre à ceux qui ont des idées, des projets, de bénéficier de l'écoute et des conseils d'autres salariés « donateurs de leur temps » lors de séances de travail. La coentreprise est en marche. D'ailleurs, il se revendique directeur des réseaux humains, nettement plus ambitieux que cet insignifiant « r » de ressources.

L'INÉVITABLE REPLI SUR SOI

L'entreprise se déshumanisant très fortement, l'égocentrisme s'y est progressivement imposé. Le « moi d'abord » est devenu la règle, incarné par la fameuse « génération Y », celle qui a eu 20 ans en 2000 et a débuté sur le marché du travail pendant la première décennie du XXIe siècle. Cette génération est souvent décrite – avec un peu d'exagération – comme égoïste. Mais comment pourrait-il en être autrement face à des entreprises capables de prétendre un jour que le capital humain est leur première richesse et de procéder le lendemain à des licenciements boursiers ? Indexer le cours de la Bourse au nombre de personnes licenciées est le comble de l'abjection, le reniement de toute morale et du respect de l'être humain. L'entreprise cotée est devenue un lieu de cynisme.

Conséquence, 70 % des managers trentenaires déclarent ne pas adhérer aux valeurs de leur entreprise. Et il n'y a jamais eu autant de mal-être professionnel qu'aujourd'hui – pouvant aller jusqu'au *burn out*, voire au suicide, comme l'a montré au grand jour le cas de France Télécom, qui a opportunément accéléré sa mutation sous sa marque Orange (les suicides pour France Télécom, l'avenir pour Orange…).

La déshumanisation crée une perte de sens. 69 % des cadres estiment que leur supérieur hiérarchique direct ne les fait plus rêver[8]. Cherchez l'erreur !

LES SALARIÉS FRANÇAIS CHAMPIONS DE LA DÉMOTIVATION

Les salariés français sont les champions de la démotivation. Selon une étude Ipsos Logica pour Edenred[9], 40 % d'entre eux déclarent que leur motivation diminue. Le paradoxe veut pourtant qu'ils se sentent très majoritairement « heureux au travail » (à 86 %), qui les rend « fiers » (idem) et dans lequel ils s'accomplissent (80 %)… « Accomplis, mais désengagés », tranche l'institut de sondages, qui évoque un « individualisme défensif » engendré par l'angoisse du chômage de masse et des lacunes béantes en matière de dialogue social et de management. La révolution du sens n'est sûrement pas là où le veulent les états-majors…

LES RAVAGES DU *COURT-TERMISME*

Il est vrai que la plupart des grandes et moyennes entreprises sont assujetties à un rythme proprement inhumain imposé par l'extrême « court-termisme » des marchés financiers. Elles sont gérées en fonction des publications de leurs comptes trimestriels, avec des effets au mois le mois, pour ne pas dire à la semaine. Par conséquent, elles ne peuvent se projeter dans l'avenir.

Le futur ne survit que sous une forme édulcorée, dans les rapports annuels sur papier glacé qui décrivent un meilleur des mondes en copié-collé, en général très éloigné de ce que vivent les salariés. L'aventure

---

8. Les débats RH, février 2012.

9. *Les Échos* du 3 avril 2012.

humaine à partager, seule à même de rallier les énergies, n'existe plus. Pour reprendre l'analogie avec la médecine chinoise, celle-ci vise à l'alignement des énergies pour atteindre l'équilibre corporel et psychologique. Dans les entreprises, l'énergie est abondante mais n'est pas canalisée. Il y a un champ magnétique fort mais pas de cap.

Les changements incessants de direction créent de la démotivation et de la souffrance. Sans boussole, le salarié qui a perdu le sens de son travail ne sait plus à quoi il sert. D'autant que le modèle standard de management, enseigné dans les grandes écoles et cautionné par la majorité des actionnaires, néglige l'humain. Il s'appuie sur des dirigeants de qualité mais qui, pour la plupart, ont totalement écarté de leur feuille de route la dimension humaine de leur travail.

J'ai vécu personnellement un exemple parlant de cette indifférence, à l'occasion du départ à la retraite du président charismatique d'une entreprise leader mondial de son secteur. Ce patron fut remplacé par décision de l'actionnaire de référence par un pur produit de grand groupe : jeune premier, la quarantaine, profil financier, issu d'un grand lessivier américain. Embauché en juin, il annonce en octobre qu'un projet personnel, négocié avec l'actionnaire, allait l'éloigner de ses fonctions pour les trois mois suivants, alors même que l'entreprise réalise 40 % de son chiffre d'affaires sur la fin de l'année ! Comment imaginer que ce dirigeant serait capable de fédérer des équipes, déjà orphelines de leur père fondateur, alors que son premier acte avait consisté à les abandonner au plus fort de la bataille ? Un an plus tard, la moitié de son état-major avait quitté le navire et ce qui hier faisait la réputation de cette entreprise, sa culture et son ambiance, avait disparu au profit d'une ambiance délétère et l'émergence de petits « chefaillons » à tous les étages.

Chapitre 2

Derrière la montagne, les raisons d'espérer

Le syndrome de la tour de Babel • Les meilleurs s'en vont, les autres traînent la jambe • Le drame des 35 heures • De la génération Y à la génération mutante • Un message d'espoir • L'entreprise doit protéger la confiance de ses salariés • 7 exemples d'entreprises qui ont pris les devants

L'entreprise France est en panne et montrée du doigt aux quatre coins du monde au profit d'une image de grand parc d'attractions à ciel ouvert pour touristes en quête d'exotisme d'un monde révolu. Soit. Mais derrière cette triste réalité dont les artisans déjà cités sont bien connus, à commencer par le couple Mitterrand/Chirac, les syndicats « jusqu'au-boutistes » comme Sud et autres CGT, la balkanisation de la société (…), les raisons d'espérer sont nombreuses ne venant pas des arcanes institutionnels du pouvoir mais des citoyens, à commencer par les jeunes porteurs d'une espérance dont ils se veulent acteurs. La vitesse des changements est telle que la jeunesse pallie son inexpérience par un art consommé de l'anticipation et de l'adaptabilité. Une force « entrepreneuriale » face à des aînés déboussolés sur leurs fondamentaux existentiels.

Mais poursuivons, ami lecteur, l'épreuve du miroir qui nous évitera de nous cacher derrière notre petit doigt. Faute de vrais patrons, les salariés égarés s'inventent leur « entreprise personnelle » dans l'entreprise, avec des objectifs qui leur sont propres. Et les nouvelles technologies confèrent une dimension universelle à cette tendance. « Ma marque digitale » me suit partout… Et tout d'abord sur mon lieu de travail. L'individu 2.0 – celui qui est connecté à Internet et partage sur les réseaux sociaux – transforme le rapport de force en sa faveur. Hier récepteur plus ou moins actif, il devient émetteur autonome. Le 2.0 lui a fait prendre conscience que, dans la cité comme dans le monde du travail, il devenait une marque à part entière : poster un billet ou un *tweet*, c'est se confronter à son audience, à son public. C'est exister !

La conscience de sa marque individuelle rend l'individu de plus en plus exigeant par rapport au discours aseptisé de l'entreprise. *Personal branding* contre discours creux standardisé : l'individu est devenu un citoyen de l'agora numérique alors que l'entreprise en est encore au discours sur la maîtrise des technologies. La crise va imposer la démocratie directe avec comme juge de paix – pour le meilleur et pour le pire – celui d'Internet. Cela bouscule tous les fondamentaux de l'entreprise.

LE SYNDROME DE LA TOUR DE BABEL

L'entreprise ressemble ainsi davantage à une tour de Babel où chacun a conscience d'avoir un objectif commun, mais où personne ne parle le même langage. En écho à la défiance évoquée dans le chapitre précédent, l'entreprise est en panne de discours socle fédérateur, harmonisant les comportements et n'a pas su à ce jour adapter sa sémantique aux nouvelles postures de ses salariés. Comment peut-on imaginer manager, parler, exiger de la même manière aujourd'hui qu'il y a encore dix ans ? Peut-on agir comme si Facebook ou Twitter n'existaient pas ? Prenons quelques chiffres qui donnent le vertige : Facebook a franchi la barre du milliard de personnes connectées – en France, on se rapproche des 50 millions d'internautes. En moyenne, un internaute français est connecté 1 h 25 par jour et fréquente 2,8 réseaux selon l'Ifop. 77 % des internautes français se connectent quotidiennement sur un réseau social, 57 % y « parlent » plus que dans la vraie vie et 93 % estiment que les commentaires leur sont utiles, toujours selon l'Ifop… La vie est désormais séquencée, multiple et hyperconnectée. Le rapport à l'autre est irréversiblement transformé. Point sur lequel nous reviendrons plus loin.

Dans cette situation de cloisonnement et d'isolement, l'individu ne peut plus s'identifier à des repères pérennes dans son entreprise, d'où le débat récurrent sur le sens. Cela devrait être le point de départ du projet d'entreprise. Or aujourd'hui, c'est l'inverse. On part exclusivement du projet économique et après, chacun s'en accommode comme il l'entend.

Cette situation inconfortable a ses effets pervers au travail comme dans la vie privée. Dans la société civile, les meilleurs quittent la France. Leur patrie ne leur offre plus de perspectives, ou ne sait plus les valoriser. Mais ils sont des exceptions. En décrétant que l'on était riche à partir de 4 000 euros par mois, les politiques, encore une fois, ont une responsabilité totale sur le plan « aspirationnel ». La réussite n'a pas droit de cité face aux 50 % de Français qui ne gagnent que 1 200 euros par mois. Ambitieux, cachez-vous ! Utopistes, émigrez en Australie, au Canada ou ailleurs !

Les meilleurs s'en vont, les autres traînent la jambe

Le « ventre mou » de la population avale « la soupe à la grimace » quotidienne en rechignant. Ils sont les otages d'une autre minorité, corporatiste celle-là, qui n'hésite jamais à bloquer le pays pour préserver des acquis indécents. Depuis trois ans, il n'y a pas un départ en vacances qui ne soit perturbé par une grève des transports, dans les gares ou dans les aéroports. *Du dialogue social au terrorisme sociétal*, il n'y a qu'un pas ! En effet, que penser de ces professions qui font de la prise d'otage de voyageurs un levier de pressions ? Que penser de ces entreprises dont la liste des avantages sociaux est exorbitante et qui se targuent d'être des employeurs de premier choix alors même qu'elles sont incapables d'empêcher la maltraitance de leurs usagers clients ? Que penser de cette pathétique image donnée au monde entier par touristes interposés ? Surtout ne voyagez pas pendant les vacances en France, c'est la grève ! Que penser de ces SMS envoyés par Air France qui vous annoncent que votre vol est annulé et qui se terminent par un laconique « merci de votre compréhension » doublé d'un post-scriptum « ne répondez pas à ce message » ? Tout cela est bien pathétique, mais souligne à quel point les archaïsmes d'un dialogue social frontal issu d'un monopole incontesté sont dépassés… La concurrence s'en réjouit, il est temps que la réalité du dialogue social soit à la hauteur de la réputation de ces grandes maisons…

LE DRAME DES 35 HEURES

Dans l'entreprise, l'entrée dans la vie active de la *génération Y* a créé un choc. Les individus de cette tranche d'âge sont en rupture avec leurs aînés sur la question de la valeur du travail. Dans les années 1960 et 1970, le travail était synonyme de réalisation sociale. La génération Y le conteste. Son objectif n'est pas en effet de réaliser une activité collective, mais de travailler pour gagner sa vie et de passer à autre chose le reste du temps.

Le drame national des 35 heures a porté cette tendance à son paroxysme. Elles ont légitimé le mythe d'une opposition entre le travail et les loisirs, au nom du concept d'équilibre entre vie professionnelle et vie personnelle. Cette partition entre labeur et temps « libre » est artificielle. L'homme est un tout. Sa vraie raison d'être est de vivre à fond dans ce qu'il est en train de faire au moment où il le fait, pas de décompter le temps qu'il passe à telle ou telle activité… La vie est trop belle et trop courte pour la fragmenter dans une gestion comptable de son temps. Contrairement à certains pays, ce dogme de « la dame des 35 heures » a confisqué l'un des plus beaux débats publics d'une démocratie socialement avancée, à savoir le temps individualisé et choisi. Malheureusement, ce concept a forgé des années de communication RH, largement repris en chœur par des DRH devenus camelots d'un bonheur au travail contredit au quotidien par la réalité des faits et l'incapacité de l'entreprise à inventer jusque-là un nouveau cadre social.

De la génération Y à la génération mutante

Aujourd'hui heureusement, nous sommes en train de sortir de cette dichotomie. La génération Z, qui succède à la Y (nous y reviendrons), est la première à s'extraire de la crise de confiance. Cette génération n'est pas issue de la crise, elle a toujours vécu dans la crise. Elle n'a pas vécu la révolution internet, elle est née connectée aux réseaux sociaux et commence à devenir le référent d'une nouvelle relation à l'autre.

Pour la première fois, les enfants influencent le champ relationnel des adultes. Loin d'être une tribu de *geeks* drogués au multimédia, la génération Z est par excellence « la generation.com » qui suit son Klout (indice d'influence sur le Net créé aux États-Unis en 2008 et calculé d'après le degré d'activité sur les réseaux sociaux). C'est la raison pour laquelle je l'ai baptisée « génération mutante » en 2010, formule consacrée par Michel Serres en 2012. Elle est l'enfant d'une autre époque, une époque de foisonnement créatif, bien supérieur aux innovations souvent brillantes mais isolées des trente dernières années. Une évolution qui commence à se propager au reste de la société et à amortir le choc des générations… Une génération qui enseigne à ses parents.

Un message d'espoir

Dans les années 1990, lorsque j'étais chez Publicis et que je faisais des tables rondes avec des séniors, le réflexe était de critiquer l'égoïsme des jeunes. Aujourd'hui, quand on évoque la question, les travailleurs expérimentés disent : « Ce sont les jeunes qui ont raison, ils ont compris qu'il fallait se protéger. » La génération Z porte sans le revendiquer un message d'espoir. Ces signes avant-coureurs d'une révolution humaine qui s'amorce sont également portés par certaines entreprises. C'est une évidence pour celles des grands noms du secteur high-tech. Mais si des géants comme Google, Apple ou Microsoft dominent les classements des employeurs de référence, ce n'est pas pour leur seule dimension technologique. Ils incarnent aussi une aventure humaine, un style de management ouvert sur les autres et un vrai leadership.

D'autres entreprises, moins spontanément associées à la technologie, partagent aussi ces qualités. Elles sont d'ancienneté et de dimension différentes, et issues de secteurs parfois inattendus et surtout très divers, comme en témoignent les exemples développés en fin de chapitre. Ces derniers montrent qu'il y a encore de l'espoir. Contrairement au pessimisme ambiant qui prévaut en France, j'ai pleinement confiance en l'avenir et en ces mutants qui vont nous inventer ce futur. En chinois, le même idéogramme désigne les mots crise et opportunité. La crise crée toujours des leviers de développement pour qui sait les saisir. Elle est le reflet du basculement dans un nouveau monde. Elle constitue le miroir de la difficulté de l'être humain à s'adapter au changement, toujours tenté de s'opposer par tous les moyens avant de basculer vers autre chose. L'intérêt porté aux salariés est un catalyseur. Les consommateurs en sont déjà convaincus : selon des sondages convergents[1], 70 % d'entre eux, entre 25 et 49 ans, déclarent que ce critère conditionnera de plus en

1. Ipsos et Crédoc

plus leurs achats de produits ou de services. Le rayonnement de l'employeur devient ainsi de plus en plus la caution de tous les discours de marque de l'entreprise.

Nous sommes en train de changer d'époque. Après trente à quarante ans – soit deux générations, une poussière à l'échelle de l'humanité –, la sortie de crise est annoncée. Bien sûr que les années de plomb qui s'abattent sur l'Europe et sur la France en particulier vont être difficiles, mais elles sont le prix à payer pour espérer un nouvel horizon ; la tempête fait rage, mais l'Europe fédérale en marche est en passe de « refixer » un cap, au-delà des résistances des nationalistes ou autres extrémistes. La contraction temporelle et physique du monde est une opportunité historique pour rassembler. Les obstacles sont à ce jour plus nombreux que les raisons d'espérer à l'image des révolutions arabes dont le chaos peut accoucher de l'abominable au détriment des populations. Mais agissons en espérant. La crise de 2008, au-delà des souffrances qu'elle a engendrées, a surtout déclenché une envie de mieux vivre universelle qui, face au cynisme des marchés et à tout ce qui s'y rattache, à commencer par les modèles de management déshumanisants, exprime une volonté de reconnaissance ressentie partout. L'accélération technologique y mène inéluctablement.

Grâce au numérique, une conscience solidaire est en train d'émerger. Internet est d'ailleurs l'allié objectif d'une opinion arabe décidée à déstabiliser ses tyrans ou de toutes les formes de collectifs prêts à se battre pour une vision humaniste du futur. Nul ne peut rester à l'abri dans son pré carré, indifférent à ses « frères en humanité ». La tour de Babel est en train de s'inventer, sinon un langage commun, au moins un espéranto. À l'échelle beaucoup moins dramatique de l'entreprise, les cloisonnements commencent également à tomber. La jeune génération y travaille et prépare le terrain aux Z.

Cette génération mutante est très différente de celles qui l'ont précédée, nous l'avons vu, mais il s'agit surtout de la première génération d'entrepreneurs apparue depuis le premier choc pétrolier. Ses membres rêvent de « créer leur boîte ». Rien à avoir avec les années 1990 et 2000, où 80 % des jeunes voulaient devenir fonctionnaires. À la sécurité des grandes entreprises, ils préfèrent l'aventure des PME. J'en ai fait moi-même l'expérience en tant que chef d'entreprise. Une candidate diplômée bac + 5, à qui je faisais remarquer qu'elle avait les qualifications pour postuler dans un très grand groupe, m'a répondu : « Oui, mais ici je suis sûre d'exister. » La PME est désormais synonyme de reconnaissance, les grands groupes de déshumanisation.

La génération Z est la première à avoir grandi en ayant une audience. « Je ne travaille pas, je n'ai pas de pouvoir d'achat, mais j'ai un auditoire. » Ce que je dis a de l'importance, c'est le témoin de mon existence. Les membres de cette génération sont armés pour exister par eux-mêmes.

Chacun est maître de sa vie. C'est le message annoncé par la génération Z, sur laquelle je reviendrai largement dans les chapitres suivants. Si la responsabilité des dirigeants politiques et des employeurs est réelle, celle des individus l'est aussi. Ami lecteur, il nous faut regarder le miroir : la crise de confiance que nous vivons aujourd'hui est avant tout une crise de la responsabilisation.

L'ENTREPRISE DOIT PROTÉGER LA CONFIANCE DE SES SALARIÉS

Comment garder confiance lorsque s'abat sans aucune concertation un blizzard fiscal hallucinant sur les entreprises et les citoyens, comme à l'automne 2012 en France et en Europe ? Comment garder confiance face aux atermoiements politiques et au misérable spectacle offert par autant d'improvisations issues directement de visions dogmatiques de l'économie ? Cela relève en effet de la gageure d'autant qu'en écho au mouvement d'entrepreneurs « les Pigeons » qui a agité les réseaux sociaux début octobre 2012, c'est l'ensemble des salariés français qui s'estiment être les vrais pigeons ! 54 % des Français estiment inéquitable le budget 2013 et 81 % qu'il aurait fallu réduire les dépenses publiques (BVA, 4 octobre 2012).

Malheureusement, ce contexte de désillusion et de désenchantement général génère dans les entreprises, comme à chaque pic de tension financière, une chasse aux économies historiques qui a un double danger :

- créer une spirale incontrôlable sur l'ensemble de la chaîne de création de valeur économique, mettant en péril le tissu des PME dont les faillites explosent ;
- développer une rupture totale entre salariés et entreprises.

Avec une consigne élevée en ordre de bataille : « – **20 % d'économies partout** », les directions financières font leur travail, optimiser le revenu dans un contexte d'écrasement fiscal et de crise de consommation. Soit ! Mais les dirigeants d'entreprise ont eu tendance à l'automne 2012 à oublier une chose essentielle, à savoir que **la motivation de leurs équipes est l'actif par excellence à protéger en temps de crise !** Le salarié/contribuable est victime d'une double peine sur son revenu privé et sur son quotidien où il lui est demandé de faire autant avec moins et pour espérer gagner moins ! Sans être cité, le chantage au chômage n'est jamais loin et, comme tout chantage, il est à la fois inacceptable et détestable.

« Aujourd'hui leur déplaît. Demain leur paraît pire. L'avenir leur fait peur. Ils n'ont plus d'espérance », écrivait Jean d'Ormesson le 4 octobre dans une tribune en parlant des Français. Cette réalité-là, qui peut la constater ?

Contrairement aux crises précédentes, dirigeants et actionnaires sont devant le mur de la morale de leur fonction ! **Peut-on piloter une** entreprise par gros grains en élevant en priorité absolue la motivation et l'engagement des salariés ? Cette question est un défi majeur pour éviter la spirale infernale de la démobilisation générale.

Osons préserver des budgets de formation. Osons préserver des budgets de communication RH. Osons développer des budgets de communication interne, en particulier digitale. Osons doter l'encadrement intermédiaire des moyens nécessaires pour motiver les équipes au combat. Osons le pari de l'investissement sur la motivation. Osons l'humain, tout simplement.

L'enjeu n'est pas de créer dans chaque entreprise une bulle de bonheur artificielle, mais bien de tout mettre en œuvre pour maintenir les conditions essentielles à la *confiance* et à l'*ambition* :

- communiquer pour expliquer les choix et le contexte ;
- communiquer pour relier la gouvernance aux équipes ;
- communiquer pour donner des raisons de croire ;
- communiquer pour défendre l'adhésion des salariés à la marque ;
- communiquer pour permettre à chacun d'exister et ne pas se sentir un simple numéro au milieu d'une pièce de théâtre qui dépasse chacun…

Les raisons de communiquer sont proportionnelles à celles d'espérer. C'est en effet en période de tension extrême que les salariés ont besoin qu'on leur prouve qu'ils sont aimés et respectés ; c'est en période de crise qu'ils ont le plus besoin de proximité, d'information, de collaboration et d'encouragement. « Avoir le pied sur le frein » en matière de communication est un réflexe de piètre prudence, voire de lâcheté tant cela évite à avoir à se justifier !

L'enjeu de la *confiance,* comme on va le voir plus loin, place chacun face à sa conscience professionnelle, face aussi à son propre miroir. Il y a urgence à s'occuper des hommes et femmes de l'entreprise. Ce n'est pas à l'aune de tableaux de bord et du *cost-killing* que la légende des grands, des vrais dirigeants s'écrit, mais bien à leur capacité à mobiliser les énergies et les envies. C'est en temps de crise que DG, DRH et autres leaders conquièrent leur légitimité de cœur auprès de leurs équipes.

À chacun d'être à la hauteur des espoirs de leurs équipes. Les choix d'aujourd'hui conditionnent la croissance de demain. La morosité est la pire des dramaturgies en entreprise.

Plus que jamais, « la marque maillot » fait sens et doit être portée avec fierté par des salariés qui revendiquent leur statut de militant de leur marque. Mais pour cela, tout dépend de la capacité de l'entraîneur à faire de l'exclusivité humaine de son équipe une force à faire pâlir tous ses concurrents…

7 EXEMPLES D'ENTREPRISES QUI ONT PRIS LES DEVANTS

Michelin, une culture industrielle

Il n'y a qu'en France que l'on prend des distances avec Michelin, au prétexte que son image est indissociable de la réputation un peu terne de Clermont-Ferrand. Partout ailleurs, la ville est considérée comme la capitale mondiale du pneumatique. Et Michelin, numéro un mondial du secteur, comme une entreprise de haute technologie. Mais la force du modèle Michelin est aussi culturelle. Être salarié chez Michelin, c'est faire partie de la famille des *Bib*. N'y entre pas qui veut. Tout un processus d'intégration est nécessaire, avec passage obligé en usine, même pour les cadres supérieurs. L'usine est l'ADN de Michelin. Ne pas se plier aux modes pour rester soi-même, revendiquer et assumer son exclusivité culturelle est une force en l'espèce.

Ysance, le retour de l'humain dans l'informatique

Dans les services informatiques, les grandes entreprises font peu de cas de l'humain. Elles pratiquent le « *body shopping* », calibrant leur consommation en « heures hommes » au fil de leurs besoins de développement, sur fond de plein emploi qui facilite la carrière des ingénieurs. La rentabilité prime sur le reste ; le secteur souffre d'une absence de leader RH.

Ce manque de reconnaissance a favorisé l'émergence de plus petites structures qui ont une véritable ambition humaine. C'est le cas d'une petite société de services d'environ 150 personnes, Ysance, qui incarne à mes yeux le leadership de demain. Ses dirigeants, deux *geeks* en puissance, sont habités par la volonté d'être utiles, de créer pour le bien du plus grand nombre. Leur talent : rendre simple et accessible ce qui semble compliqué. Leur passion : agréger des femmes et des hommes et leur offrir la plus belle ambition, se réaliser. Résultat, Ysance engrange les budgets là où d'autres gèrent les crises. Ce partage d'une philosophie et d'un certain don de soi donne du sens à un quotidien collectif assez exceptionnel. Aimer ses équipes ne fait pas de mal et peut aussi devenir une marque de fabrique…

Parrot, un fondateur au génie fédérateur

Autre source de différence à contre-courant du fatalisme déshumanisant de ce secteur, le génie du fondateur et sa capacité à fédérer des équipes dans son rêve. C'est le cas de Parrot et de son créateur Henri Seydoux, l'une des plus belles *success stories* françaises au niveau mondial, connue du grand public grâce à ses systèmes Bluetooth pour l'automobile, ses enceintes signées Stark ou encore son drone, hélicoptère-jouet télécommandé à partir de son smartphone. Fondé sur un recrutement hypersélectif incarné par un test proposé aussi bien aux meilleurs élèves des plus prestigieuses écoles d'ingénieurs qu'à des *geeks* autodidactes passionnés (seuls 15 % des candidats le réussissent…) et la conscience d'inventer le futur, Parrot est habité par la flamme de son dirigeant. « Pour et au nom d'Henri » semble être une promesse mobilisatrice à nulle autre pareille. Le pacte de confiance est total entre le patron et ses équipes. Comme nous sommes en France, certains penseront immédiatement à des clichés de gourous, de sectes ou je ne sais quoi. Ceux-là, c'est sûr, n'ont pas dû avoir la chance de vivre une vraie aventure d'entreprise. La volonté de faire partager une aventure humaine où chacun est coresponsable du projet et de l'ambiance est un vrai moteur pour cette entreprise qui incarne la Silicon Valley à la française.

Groupe Flo, un restaurateur convaincu de l'importance du capital humain

Même les activités qui ont une piètre image ont leurs acteurs innovants. Dans la restauration, des centaines de milliers d'emplois ne sont pas pourvus. La branche est très rude, avec des horaires décalés, des métiers physiques et souvent, il faut bien dire, des managers autocrates qui passent leur temps à houspiller leur personnel.

Dans ce secteur pourtant, le Groupe Flo (Brasseries, Taverne de Maître Kanter, Hippopotamus, Tablapizza, etc.) se démarque en prenant en compte la dimension humaine, non sans rendre compte à des fonds d'investissements, ce qui est remarquable… Une stratégie entièrement portée par son président, Dominique Giraudier, qui a succédé au fondateur Jean-Paul Bucher en 2001 après une décennie de carrière dans le groupe. En septembre 2012, alors qu'il faisait la une de *Management*, il déclarait : « Mes micros sont ouverts en permanence » et à la question : « Comment rester proche de ses salariés qui se comptent par milliers et sont dispersés aux quatre coins du monde ? », il répondait : « En les aimant, tout simplement. Oui, on peut aimer 8 000 personnes en même temps ! » Chapeau l'artiste ! La surcommunication n'est pas un style mais une nécessité dans une économie qui, aux yeux de beaucoup, s'apparente à une économie de main-d'œuvre alors même que pour ce leader c'est avant tout une industrie de services. Convaincu de l'importance de l'humain, il multiplie les initiatives à l'exemple des journées portes ouvertes aux handicapés, des 600 apprentis de France réunis pour une autre journée dédiée à l'avenir des jeunes ou encore les tchats qu'il tient lui-même régulièrement avec ses salariés en direct, lesquels peuvent lui poser toutes les questions, aucun sujet tabou… Il passe sa vie dans ses restaurants avec un coup de fourchette qui est un hommage au travail de ses équipes… Heureusement que sa seconde passion, après ses équipes, c'est la course à pied…

Le groupe Casino, un engagement partagé

Le gigantisme de la grande distribution a tout écrasé sur son passage oubliant l'essentiel, ses racines de commerçant dont le moteur est l'humain. Malgré cela, le groupe Casino, pourtant dirigé par l'un des meilleurs entrepreneurs hexagonaux souvent présenté comme un rude financier, Jean-Charles Naouri, fait exception en incarnant de plus en plus le leadership humain du secteur. Sous la houlette d'André Lucas, directeur des supermarchés et hypermarchés du groupe, et de leur directeur des ressources humaines Jean-Claude Delmas, l'adaptation de ses grandes surfaces aux attentes nouvelles des consommateurs est en train de devenir une véritable aventure humaine. Le projet « hypermarché 2013 » du groupe stéphanois est le fruit d'un travail d'échange exceptionnel avec les salariés. Au mois de mars 2011, une cinquantaine de tables rondes ont rassemblé hôtesses de caisses, employés libre-service, chefs de rayons, etc., pour un véritable exercice collaboratif consistant à réfléchir au format de l'hypermarché de demain. Baptisé « les ateliers du futur », ce travail créa une première et une mobilisation de haut en bas de la branche. En parallèle et souvent en toute discrétion, le groupe, quant à lui, perpétue et renforce une culture sociétale aux quatre coins du monde sous l'impulsion de son DRH, Yves Desjacques. Diversité, handicap, parité, accompagnement des séniors, emploi des jeunes, etc., Casino prouve que l'humain est bien un sujet culturel et non marketing. Sur ses sites employeur acteur-local-engage.com, 35000etreshumains.com, monmagasinfait-sonshow.fr ou encore montuteuretmoi.com, les hypers et supermarchés Casino mettent en avant leurs employés comme véritable caution de leurs engagements. De vraies vies, des expériences, des parcours… sans poudre aux yeux, ni démagogie.

À l'opposé il y a Carrefour, qui a laissé filer il y a vingt-cinq ans son statut de pionnier incontesté de la créativité en matière de ressources humaines dans la distribution. Je réalisais alors des baromètres comparant les enseignes et, à chaque fois, l'inventeur de l'hypermarché apparaissait en pointe sur le handicap, la formation, la politique salariale, etc. C'était certes une entreprise très exigeante, car les métiers de la distribution sont durs. Mais Carrefour était à l'époque la meilleure entreprise pour ses salariés, la plus moderne.

Cette dynamique s'est progressivement effilochée après que l'entreprise a basculé dans une logique financière, que l'on peut dater du départ de Michel Bon. De Charybde en Scylla, on a abouti au plan de réorganisation des magasins concocté sous la présidence de Lars Olofsson, une négation des métiers et des rythmes de vie des salariés qui a failli ériger Carrefour en symbole de l'esclavagisme moderne dans l'opinion… avant d'être abandonnée. Carrefour est le prototype de l'entreprise qui s'est perdue dans la logique financière, du moins jusqu'au dernier renouvellement de son état-major, intervenu début 2012. Pas étonnant que la priorité de Georges Plassat soit de redonner du sens. Vu le pedigree de ce dirigeant iconoclaste, il y a fort à parier qu'il devrait y arriver. Il faut le souhaiter pour les salariés qui le méritent et espérer que les actionnaires lui laisseront le temps de reconstruire.

LVMH, un géant qui transforme ses employés en ambassadeurs du luxe

Numéro un mondial du luxe, LVMH mise à la fois sur l'humain et sur l'ouverture au monde avec ses « Journées particulières ». Au cours de ces journées organisées les 15 et 16 octobre 2011, les plus grandes maisons du groupe ont en effet ouvert au public 25 sites remarquables (ateliers, chais, hôtels particuliers, demeures familiales, boutiques historiques, etc.), à Paris comme en province, ainsi qu'en Italie, en Espagne, au Royaume-Uni et en Pologne. Les visites furent animées par des salariés volontaires du groupe. Avec cette opération, LVMH a démontré à la fois son « savoir-produire français », la complémentarité de ses métiers dans le luxe (maroquinerie Louis Vuitton, vins et spiritueux Moët Hennessy, etc.), et surtout qu'il y a une réalité humaine derrière le champion financier mondial qu'est le groupe.

Cette opération d'image de marque, qui vise aussi bien l'opinion publique que l'interne ou les autres parties prenantes, fut à mes yeux l'une des plus belles opérations de Marque Employeur au monde. Elle permet de faire prendre conscience aux consommateurs et citoyens que cette *success story* – LVMH a une image de groupe financier, son patron, Bernard Arnault, est la première fortune de France et la quatrième mondiale – est aussi le fruit du travail de quelque 100 000 personnes (97 559 exactement au 31 décembre 2011). C'est un acte de pédagogie essentiel en France.

Nous avions bâti trois ans plus tôt la plate-forme de Marque Employeur du groupe désignant ce dernier comme un « écosystème » permettant aux 60 maisons de se développer chacune avec ses spécificités, tout en respectant des fondamentaux communs. Cet esprit entrepreneurial trouva toute sa dimension dans la signature que nous inventâmes : « Groupe LVMH, le Futur de la Tradition ». Ces journées furent un hommage appuyé à cette chaîne d'union qui relie les talents du passé, à ceux du présent et du futur. Dommage que cette réalité ne trouve pas plus d'écho chez les populistes qui se sont jetés sur Bernard Arnault à l'évocation de sa demande de double nationalité belge.

BNP Paribas, une banque qui se veut à visage humain

Plus que jamais l'adage selon lequel les collaborateurs d'une entreprise sont ses premiers ambassadeurs doit être réaffirmé haut et fort
par les dirigeants. Ils constituent un levier de communication même
pour les secteurs les plus décriés, tels que la banque, décrite comme
le grand satan de l'économie contemporaine. Sans complexe, BNP
Paribas s'y distingue en étant la première grande entreprise financière à jouer la transparence sur les réseaux sociaux. Sur son site
de recrutement, backstage.bnpparibas.com, une trentaine de salariés
volontaires répondent aux questions des internautes sur la réalité professionnelle et humaine de l'entreprise. Une réalité plurielle qui tranche
avec la réputation de froideur et de calcul du monde de la finance.

Chapitre 3

Les symboles de l'autorité remis en question

La RSE, un engagement trop théorique • Haro sur les sociétés « anonymes » • Du dogme de la transparence au devoir de transparence • Des patrons discrédités • Le monstre matriciel • Entre Sun Tzu et Kafka • Le syndrome de la chenille

Ce qui a le plus manqué ces dernières décennies dans le monde de l'entreprise, c'est un fil conducteur qui permette de dépasser les aléas conjoncturels et de s'adapter tout en restant soi-même. En trente ans, on a développé un mode très réactif de gestion des entreprises. De ce fait, l'opinion a l'impression que l'entreprise fait sans arrêt un pas en avant, deux pas en arrière, qu'il lui manque une vision au long cours et qu'elle reste très opportuniste en faisant de la gestion de ses ressources humaines sa principale variable d'ajustement. Un mode de gestion – et de management – souvent en contradiction avec les discours politiquement corrects sur les enjeux de l'égalité des chances ou de la responsabilité sociale et environnementale (RSE), et qui aboutissent en fait à la pratique d'une assez détestable langue de bois. Ce qui ne veut pas dire que les responsables manquent de conviction. Mais leur volonté d'engagement a souvent été trahie par une communication opportuniste.

LA RSE, UN ENGAGEMENT TROP THÉORIQUE

Selon le baromètre RH 2008 du magazine *Liaisons sociales*, un sondage réalisé auprès des directeurs de ressources humaines, les convictions personnelles du dirigeant de l'entreprise arrivent ainsi en tête des motivations pour lesquelles cette dernière s'implique en matière de RSE pour 66 % des DRH. Mais la volonté d'en améliorer l'image n'est pas loin (53 %). Quant aux autres raisons (pression de la société civile, clients, investisseurs, salariés, syndicats), elles « apparaissent marginales », soulignent les enseignants Jean-Marie Peretti et Patrice Terramorsi dans une note sur « Le management de la diversité des entreprises du CAC 40 à travers les rapports RSE 2007 ». Ceci explique sans doute que les politiques de développement durable des entreprises apparaissent désincarnées aux citoyens, alors même que ces derniers se sentent très concernés à titre personnel par le social et l'environnement.

L'obligation faite aux entreprises cotées de publier un rapport environnemental et social annuel, instaurée par la loi relative aux nouvelles régulations économiques de 2001, ainsi que les nombreuses surenchères réglementaires qui ont suivi depuis (loi sur l'obligation de négocier l'égalité professionnelle, dispositions sur l'emploi des séniors, prévention des risques liés aux troubles médico-sociaux…) ont favorisé les politiques d'affichage au détriment de l'engagement sincère et réel. Puisqu'il faut négocier sous peine de sanctions, les entreprises l'ont fait, sans trop y croire… Pour partie enfermée dans le champ très formel des négociations obligatoires, la politique de responsabilité sociale et environnementale n'a guère franchi le seuil du changement culturel au sein de l'entreprise. Quant aux rapports RSE annuels, ils dégagent un unique discours qui ne traduit pas forcément l'ADN de l'entreprise. Souvent à leur corps défendant, les DRH ont été pris au piège de la démagogie et ghettoïsés dans une posture de pourvoyeurs de cette langue de bois.

Il faut toutefois distinguer une minorité d'entreprises très engagées du gros des troupes qui sont, elles, restées dans une démarche de communication. L'unité de temps de la communication de l'entreprise s'est fortement rétrécie. Chaque information ayant une incidence immédiate sur le cours de la Bourse, la prise de parole est devenue un moyen de pilotage à court terme. Le long terme est passé au second plan. Si l'on fait exception de deux ou trois entreprises, les grilles de lecture de l'identité des sociétés du CAC 40 sont très floues.

Haro sur les sociétés « anonymes »

L'opinion ne sait pratiquement rien de ces entreprises sous l'angle employeur de ce qu'elles représentent en matière de « vivre ensemble » et plus généralement sur le plan humain. De même, le public a toutes les peines du monde à identifier les dirigeants de ces très grandes entreprises. Chaque entreprise est devenue une marque conceptuelle mais celle-ci n'est plus portée par ses leaders. Depuis trente ans, ces derniers ont réservé la primeur de leurs prises de parole aux actionnaires.

L'entreprise s'est ainsi isolée de l'opinion. Et elle commence à en payer le prix. Car l'opinion rejette tout ce qui est gros et anonyme. La dernière étude TNS Sofres sur l'image des dirigeants de grandes entreprises[1] pour l'Institut des entreprises indique que 60 % des Français ont une opinion défavorable des dirigeants des grandes entreprises contre 80 % d'opinion favorable à ceux des PME ! Là encore, il s'agit d'un vrai retournement. Il y a trente ans, les petites et moyennes entreprises faisaient peur, car elles étaient associées à la précarité et à un certain retard sur le plan social. Aujourd'hui, c'est l'inverse. Les PME sont le lieu où l'individu est reconnu et ce, même si elles ne peuvent lui offrir la foule d'avantages sociaux qui frôlent l'indécence des grands groupes. Avec 96 % d'entreprises en

1. Sondage réalisé du 4 au 7 janvier 2011 pour l'Institut de l'entreprise.

France qui sont des TPE ou des PME, la majorité des salariés n'ont ni comité d'entreprise, ni RTT, ni mutuelle, et pourtant, elles ont la cote ! Il est vrai que les scandales à répétition sur les salaires exorbitants des grands patrons contribuent à cette remise en cause de l'autorité. En face, on trouve de petits patrons qui, souvent, se battent au quotidien pour assurer les salaires de leurs salariés. 77 % des Français ont le sentiment que les grands patrons ne pensent qu'à leur rémunération[2]… Cet état de fait trouve une résonnance particulière en France, pays d'excès où l'on a horreur des riches et des gens qui réussissent et où l'égalitarisme est devenu un triste dérivé de notre symbole républicain « Liberté, Égalité, Fraternité ». De l'équilibre du ternaire, nous avons cautionné un égoïsme collectif qui inhibe toute forme d'élévation.

Du dogme de la transparence au devoir de transparence

Transparence ! Elle est partout, concerne tout le monde et s'impose comme la nouvelle doctrine à laquelle il faudrait se rallier au nom de la bienséance ambiante… Porté par l'explosion des réseaux sociaux, aussi fulgurant que massif et rapide, ce tsunami semble vouloir tout balayer ou plutôt tout étaler. Vie privée, vie professionnelle, rien ne doit lui échapper. Mais au nom de quoi ? La discrétion serait-elle devenue une calamité ? Cultiver son jardin secret une pathologie psychiatrique ? Être sélectif en amitié un signe de démence ou de sénilité ? *Peut-on encore avoir le droit de ne rien dire, ne rien partager d'intime, de refuser de s'étaler pour s'étaler ?*

Les mutants, encore eux, nous rassurent amplement sur le sujet quant à leur capacité à structurer leur usage des réseaux sociaux, mais une

---

2. Ibid.

chose est sûre pour qui en doutait encore, la transparence est irréversible comme source de confiance. Le vrai défi est de tout mettre en œuvre pour sortir de la tendance actuelle qui veut l'élever en dogme et qui place immédiatement ceux qui lui résistent en accusés d'office. Comme tout dogme, celui de la transparence est détestable par nature ; c'est sûrement le pire par l'illusion qu'il crée et les manipulations qu'il génère. L'individu élevé en « mamarque.com » est invité à faire de la transparence le leitmotiv de sa vie, s'offrant ainsi aux nouvelles formes de ciblages marketing et contribue de fait à son fichage universel.

Depuis toujours et jusqu'à une époque très récente, le monde de l'entreprise pouvait sembler se caractériser davantage par le culte du secret, voire d'une certaine opacité que par la transparence. L'information était un signe et une arme de pouvoir, de statut, de reconnaissance. Cette réalité, nourrie par des organisations pyramidales et fortement hiérarchisées, a façonné des générations de managers qui aujourd'hui se trouvent déboussolées par leur impuissance à contrôler la porosité interne/externe de leurs équipes, de leurs entreprises. Le chef ne peut plus être dans sa tour d'ivoire distillant sa vision, *via* des échelons de managers qui représentaient autant de couches de filtre et de rétention. Le chef doit revenir au cœur de l'organisation pour être audible et assumer une dimension de rayonnement central par sa capacité à faire se connecter toutes ses parties prenantes. Gardien de la culture, lui et ses managers se doivent d'avoir le courage d'organiser la transparence au sein de leur entreprise.

Cette dernière ne sera jamais une démocratie, et heureusement. Mais face à une crise existentielle sans précédent du monde du travail, donner du sens passe par la capacité à être transparent pour faire comprendre, faire adhérer et bien sûr motiver ! La transparence est une opportunité historique pour sortir du marasme de ces années de plomb et espérer renouer une relation de confiance malmenée par la langue de bois. Elle mérite du courage et de l'audace ; elle réclame des règles vis-à-vis de l'intégrité des personnes. Mais elle impose avant tout de l'exemplarité de haut en bas de la hiérarchie.

Une véritable révolution humaine est en mouvement sous nos yeux, qui foudroie tous les us et coutumes du vieux monde pour respecter cette transparence. Il y a urgence à aider les managers, jeunes comme moins jeunes, à accompagner ces mutations au risque de les laisser se fossiliser au nom de croyances révolues. Comment manage-t-on à l'heure des médias sociaux ? Comment communique-t-on de manière transversale ? Comment libère-t-on la parole des équipes ? Comment permettre l'émergence autonome de communautés de métiers ou d'affinités dans une entreprise ? Comment gérer un dialogue social collaboratif en parallèle des instances représentatives du personnel ? Comment connecter le top management à la base sans court-circuiter le management intermédiaire ? Le devoir de transparence balaie des tabous au profit, espérons-le, de moins de cynisme et de lâcheté.

Mais combien d'entreprises repensent, réinventent leurs modèles de management au nom de cette révolution ? Combien de dirigeants osent l'instabilité du changement pour fixer un nouvel horizon ? Bien peu à ce jour…

L'entreprise ne s'appartient plus au sens retranché du terme, elle est ouverte, accessible. À elle d'en faire une source de fierté pour toutes ses parties prenantes. La transparence ça s'apprend, ça se gère, et qu'on se le dise ça se manage !

Des patrons discrédités

Les Français reprochent ainsi aux patrons des grandes « boîtes » leur manque d'humanité et leur mépris (27 %)[3]. Ils sont bien plus nombreux

---

3. Ibid.

à considérer que leurs chefs défendent avant tout leur propre carrière (35 %) et leurs actionnaires (35 %), qu'à penser qu'ils donnent la priorité aux intérêts de leur entreprise (19 %) et de leurs salariés (3 %). Et ce, alors même que la population exprime « une attente forte de prise de position sur les problèmes que connaît le pays », précise l'Institut de l'entreprise : sept personnes interrogées sur dix – y compris une majorité des plus critiques à l'égard des patrons – le souhaitent.

Recherche, environnement, social, éducation… tous les domaines seraient légitimes, à l'exception de la politique. Et pourtant les entreprises font souvent figure de grandes muettes sur ces questions. « Cette enquête révèle une tension importante entre l'image actuelle du dirigeant de grande entreprise, perçu comme un financier avant tout pour 47 % des Français, et l'image d'un dirigeant idéal qui concilierait les intérêts des différentes parties prenantes de son entreprise et mobiliserait les salariés autour d'un projet commun tout en étant ancré dans la réalité de la société », résume l'Institut de l'entreprise…

Le jugement des Français sur l'action des dirigeants par rapport à la crise décrit bien le discrédit dont ces derniers font l'objet : un tiers estiment qu'ils n'ont pas su la gérer, un quart ne leur font pas confiance pour y arriver… Tant il est vrai que les impératifs économiques ont dicté une seule et unique réponse managériale : quand l'économie va bien, on investit et on recrute (et encore, pas toujours à la hauteur des enjeux), quand elle va mal, on gèle les crédits et on licencie… Même si des politiques alternatives commencent à voir le jour, à travers les accords de flexibilité du temps de travail et le chômage partiel, qui ont permis de limiter les dégâts de la crise de 2008-2009, ces innovations sont trop récentes et leurs effets trop timides pour que l'opinion en tienne compte.

Le conformisme et l'uniformité dans les remèdes apportés aux crises successives sont interprétés par celle-ci comme une très nette absence de leadership. L'opinion préfère ce qui est identifié et assumé ; elle veut des responsables que l'on puisse juger sur leurs actes, qui incarnent des valeurs. C'est par exemple la force d'un Franck Riboud à la tête de Danone, un dirigeant doté d'une exceptionnelle réputation (la meilleure après Bernard Arnault selon l'Observatoire de la Réputation), mais peu d'entreprises ont la chance d'avoir un chef qui « habite » à ce point son travail. Le drame des patrons français est qu'ils sont peu « aspirationnels ». Les trois quarts des jeunes de 20 à 25 ans ne veulent surtout pas ressembler aux patrons en poste[4] ! Il y a là une rupture ; le dirigeant est généralement perçu comme manquant d'humanité, il est donc rejeté.

LE MONSTRE MATRICIEL

L'uniformisation des règles juridiques encadrant l'activité des entreprises a en partie encouragé cette déshumanisation. Les lois Sarbanes-Oxley, adoptées par les États-Unis en 2002, ont imposé de nouvelles règles de comptabilité et de transparence financière qui, de proche en proche, ont imprimé leur marque sur l'ensemble des grandes entreprises internationales. Soit parce que ces dernières étaient déjà cotées aux États-Unis, et devaient donc s'y plier, soit parce qu'elles ont inspiré des législations nationales. Ces règles d'inspiration anglo-saxonne ont contribué à rigidifier le fonctionnement des entreprises. Et ce, pour un piètre résultat en matière de moralisation économique et financière, si l'on en juge par la récurrence des scandales et abus qui secouent la planète financière et économique…

Autre facteur aggravant, les grands groupes ont eux-mêmes inventé leurs propres monstres. L'organisation matricielle en est un, qui se situe à la base de la schizophrénie moderne dans les entreprises, avec des conséquences qui peuvent aller du mal-être au *burn out*. Opposé à la structure

---

4. Source : Congrès HR 2012.

hiérarchique traditionnelle, ce « modèle » né dans l'armée américaine a été importé en Europe dans les années 1970-1980 et a connu un vrai développement à la fin des années 1990. Il consiste à regrouper les collaborateurs par métiers tout en permettant l'organisation de leur travail en groupes de projets faisant intervenir plusieurs offices. Cette organisation, censée donner plus de dynamique au développement de projets, a de lourds inconvénients, tels que les conflits de loyauté entre gestionnaires de métiers et de projets. Dans la pratique, en effet, il n'y a plus vraiment de chef. Si je suis DRH en France, j'ai un patron de pays en France mais je suis sous les ordres d'un directeur des ressources humaines Europe. Qui est mon vrai chef ? Plus personne n'est responsable.

ENTRE SUN TZU ET KAFKA

Ce système matriciel fait marcher la plupart des grands groupes sur la tête. Il a voulu rompre avec le modèle hiérarchique structuré du haut vers le bas, mais n'est pas parvenu à faire remonter l'ascenseur vers le sommet. Pour y survivre, il faut tenir *L'Art de la guerre* de Sun Tzu dans une main et les œuvres complètes de Kafka dans l'autre. Les deux réunis forment le GPS de survie indispensable dans l'entreprise moderne ! Déboussolés, les salariés ont en fait inventé leur propre transversalité en utilisant notamment les réseaux sociaux. C'est sans doute un réflexe de survie de leur part par rapport à une approche qui, sous couvert d'adaptation locale de la globalisation, ne génère qu'uniformité (les mêmes tableaux de bord partout) et frustrations locales.

Le matriciel a imposé une sorte de nouveau dogme moderne du management, le culte de l'excellence de l'exécution. Celui-ci passe par des modèles normatifs, des certifications à tous les étages, qui stérilisent toute forme d'inventivité et de créativité. Ce n'est pas très motivant pour ceux à qui on demande de ne se réaliser que dans l'exécution. C'est complètement paralysant en matière d'innovation, car cela ferme les possibilités de faire émerger des leaders atypiques et bloque le recrutement de profils inhabituels. Dans l'organisation matricielle, il n'y a plus d'autorité qui entraîne, mais une autorité qui se consacre à faire respecter des règles à des individus dont l'objectif principal est de les contourner pour échapper à la robotisation. Au final, l'entreprise n'est plus une source d'énergie collective. Et comme tout peut se savoir sur les réseaux sociaux, c'est l'image globale de l'entreprise qui en pâtit.

Et pourtant, il y a encore de l'espoir. 43 % des cadres se disent prêts à défendre leur entreprise en leur nom propre si elle était attaquée sur les réseaux sociaux[5], 85 % sur un site dédié à la marque, 80 % *via* leur propre compte. En clair, les salariés éprouvent encore un grand attachement à leur entreprise, bien supérieur à celui qu'ils ressentent pour leurs dirigeants. Ils attendent donc de ces derniers qu'ils soient plus en proximité et en harmonie avec eux. Ils attendent aussi moins de décalage entre les paroles et les actes.

Mais l'organisation matricielle n'est qu'un exemple de monstre enfanté par l'hyperproductivité. Les trois comportements déviants les plus couramment rencontrés sont, de loin, le cynisme, la lâcheté et l'hypocrisie liés aux statuts et aux jeux d'influence. Rien de nouveau en apparence dans le long spectacle de la tragédie humaine, certes. Mais le manque de lisibilité des visions et des stratégies associé au manque de proximité élève le fait d'être « plus royaliste que le roi » en sport national, catégorie « Collabo » d'entreprise. L'entreprise ouverte, collaborative, transversale dont on peut rêver se heurte au dogme des ego. C'est un fait.

Cette situation, souvent critiquée en haut lieu, arrange pourtant plus d'un dirigeant adepte du diviser pour mieux régner ! Mais la ribambelle de « petits chefs », qui poussent du menton, pollue l'ambiance et la dynamique collective au point souvent de discréditer le principe même

5. Sondage Ifop pour L'Atelier BNP Paribas du 29 février au 6 mars 2012.

de hiérarchie. Ils font l'objet de toutes les critiques par les salariés eux-mêmes mais sont aussi parodiés par l'univers du cinéma et des séries télévisées, à commencer par la désormais culte « Caméra café » de M6.

Les dirigeants, en particulier de grands groupes, feignent d'ignorer cette réalité pour leur plus grand confort – « tout va très bien, Madame la marquise » – alors même que cette situation est le miroir d'eux-mêmes. Quand accepterons-nous de rendre *le chef* dépositaire de la qualité du management et de l'ambiance de son entreprise ?

Le risque, dans ce contexte, est celui de la rumeur liée à la posture prise par l'entreprise. Encore inexistant il y a quelques années, il est de plus en plus pris en compte au sein des états-majors des entreprises, notamment chez les communicants. L'affaire des suicides de France Télécom, qui a longtemps nié sa possible responsabilité, a marqué les esprits. Il en va de même pour Renault avec sa gestion calamiteuse des fausses fuites, ou encore de Foxconn, le sous-traitant chinois d'Apple, que ce dernier a forcé à améliorer les conditions de travail et à augmenter les salaires de ses employés, suite à une succession de révélations plus qu'embarrassantes dans la presse internationale. Ces affaires marquent sans doute un tournant.

Un problème considéré comme interne ou lointain peut très rapidement devenir une question publique pressante vis-à-vis des parties prenantes, pouvoirs publics, actionnaires, mais aussi clients. Demain, en cas de rumeur employeur très négative, les clients seront sans doute les premiers à se détourner de l'entreprise en cause. Même en France, où les campagnes de boycott rencontrent traditionnellement peu d'écho auprès des consommateurs, 70 % d'entre eux (entre 29 et 49 ans) déclarent que l'intérêt que l'entreprise porte à ses salariés conditionnera de plus en plus l'acte d'achat[6] de ses produits ou de ses services.

---

6. Source : Ipsos, 2011.

La nécessité d'une maîtrise de la rumeur va s'imposer aux entreprises. Elle aura pour préalable une prise de parole institutionnelle différenciée, car aujourd'hui toutes les entreprises communiquent de la même manière. Seul un patron engagé, qui se mouille et ne se contente pas de « faire de la com », pourra l'incarner. Pour avoir une chance d'être entendu, ce modèle de dirigeant devra aussi fonctionner selon une logique de preuve et ne pas se contenter de déclarations d'intentions. Il faudra assurément amender les manuels classiques du bon communicant…

Lutter contre la rumeur est avant tout une tâche préventive. Comme évoqué précédemment à propos des crises économiques, la médecine chinoise s'impose. L'objectif du médecin chinois est que ses patients ne tombent pas malades. L'objectif d'un responsable d'entreprise est que celle-ci ne soit pas victime d'une méchante rumeur. Au-delà de l'engagement du dirigeant et de la nécessaire exemplarité de sa parole, fondements de sa crédibilité, la capacité à soutenir et faire soutenir la marque par ses collaborateurs comme une équipe sportive porte son maillot, avec la même fierté et la même ferveur, est un moyen de défense efficace. « Je suis mon entreprise » et faire de ses salariés les militants de son projet sont une vraie ambition de leader.

LE SYNDROME DE LA CHENILLE

Un danger menace pourtant tous les états-majors. Il s'appelle le syndrome de la chenille. La chenille a une tête qui sait où elle va, qui avance à son rythme, mais son corps n'est pas synchronisé avec elle. Il est pris de spasmes successifs et est incapable de s'aligner avec la tête. Lorsque cela arrive dans les grandes organisations, la victime expiatoire est toute désignée : le management intermédiaire, forcément. Celui-ci freine le changement, ne relaie pas l'information, n'explique pas assez, etc. Dans la réalité, tout cadre dirigeant a les managers qu'il mérite… Ami lecteur, je ne le répéterai jamais assez, le réflexe du « bouc émissaire » est détestable.

La qualité des managers intermédiaires est le reflet de celle des cadres dirigeants. Souvent, la tête se focalise sur ses collaborateurs directs et s'épargne l'effort de se mettre à l'écoute du terrain. Je citerai un exemple vécu. Mon entreprise de conseil a réalisé une enquête au sein d'une entreprise qui révélait que les collaborateurs ne faisaient pas confiance à la direction et qu'ils ne comprenaient pas sa stratégie. Stupeur du patron à la découverte de ce résultat, qui réplique : « Ce n'est pas possible, je viens de faire une tournée des popotes où j'ai rencontré 30 % de l'effectif. » L'initiative était louable, mais quand les personnels rencontrés n'ont rien retenu et qu'aucune relation de confiance n'a été nouée, il y a d'évidence un problème pédagogique qu'il faut avoir le courage d'affronter. Je suis sur ce point stupéfait du manque d'outils de pilotage de la compréhension émotionnelle dans les entreprises. Au-delà des grandes enquêtes d'opinion, la prise de pouls en temps réel, les sondages d'opinion, les échanges directs entre patrons et managers, patrons et salariés sont quasi inexistants. Chaque année avec mes équipes, nous animons entre 150 et 200 tables rondes avec des salariés de tous secteurs, de tous statuts ; ces moments sont d'une richesse humaine exceptionnelle où les individus ont vraiment le sentiment d'exister, d'être reconnus et entendus. Les mots et les témoignages recueillis sont directement issus du cœur et « des tripes » de chacun, charge aux dirigeants de les lire avec autant de cœur et de tripes…

Les opérations de proximité du type *road shows*, petit déjeuner avec le président, rencontres semestrielles avec les nouvelles recrues, etc., sont des exercices imposés qui ne traduisent pas toujours l'âme et la vision du dirigeant. Elles doivent faire l'objet de relais forts pour être plus que des symboles. L'efficacité passe par la mobilisation en parallèle du management intermédiaire qui, seul, sera en mesure de donner corps à la stratégie définie. Sans lui, l'exercice de communication restera théorique. Et bien entendu, la mobilisation des cadres intermédiaires ne trouvera son efficacité que si le modèle de management – objectifs qualitatifs, quantitatifs, comportementaux, politiques de rémunérations, etc. – est lui-même bien défini et cohérent avec les engagements de la marque.

Le problème de fond et rarement abordé à l'heure de la parité hommes/femmes est la persistance de modèles de management « masculins » alors même que la relation humaine a migré, une fois encore, vers une meilleure prise en compte de valeurs plus féminines comme on a pu le voir précédemment, avec plus de respect, d'écoute, de reconnaissance. Face aux 70 % de managers qui déclarent manquer de temps pour manager et les 69 % qui estiment que leur N+1 n'est pas un exemple, le chantier de la pensée managériale et de l'exemplarité est une priorité absolue.

Chapitre 4

De la génération Y aux mutants

La première génération digitale d'enfants-rois • L'alphabet des générations • Pourquoi les Z sont des mutants • Tout, tout de suite • Un modèle de management à reconstruire • L'ère de la coresponsabilité • Un idéal d'ouverture et de partage • L'ère des « slashers » • Une génération d'entrepreneurs • Les droits et les devoirs • Une cohabitation potentiellement conflictuelle • Deux exemples d'utilisation dynamique des réseaux sociaux d'entreprise • Le triomphe des valeurs féminines • La grande fraternité universelle

On commence à peine à cerner la génération Y que la génération Z lui succède. Or « les Z ressemblent aux Y, mais en pire », annoncent avec un brin d'exagération Myriam Levain et Julia Tissier, dans leur essai-témoignage[1] sur les Y (pour comprendre cette classification des générations, lire l'encadré ci-après). La génération Z est née avec une souris d'ordinateur ou un smartphone dans les mains. C'est la première classe d'âge à avoir baigné dès la naissance dans la transparence des réseaux sociaux, la culture porno avec le célèbre portail YouPorn (à faire cauchemarder tous les parents) et la surconsommation compulsive des marques. Elle est devenue totalement digitale par la transformation de chacun de ses

---

1. Myriam Levain et Julia Tissier, *La Génération Y par elle-même. Quand les 18-30 ans réinventent le monde*, François Bourin Éditeur, 2012.

individus en une véritable marque. Chacun fait la course à celui qui aura le plus grand nombre d'amis sur Facebook bien avant d'avoir l'âge minimum pour y ouvrir un compte (13 ans, à l'heure où j'écris ces lignes), et ils sont de plus en plus nombreux à mesurer leur influence sur les réseaux sociaux en calculant leur indice Klout[2]. Ces jeunes gens prennent conscience de leur audience, c'est-à-dire de leur influence sur les autres, très, très tôt, bien avant d'être confrontés à la vie professionnelle. Le harcèlement moral par réseaux sociaux interposés dans les cours de récréation est malheureusement de plus en plus fréquent chez les ados aussi.

LA PREMIÈRE GÉNÉRATION DIGITALE D'ENFANTS-ROIS

De ce fait, la génération Z sera très difficile à intégrer dans les entreprises. C'est une génération hyperconnectée et interconnectée. Elle agit tout en étant simultanément branchée sur plusieurs réseaux. Quand elle débutera dans le monde du travail, elle ne supportera pas d'être coupée de ce monde immatériel. Il faudra que, sur son bureau, elle puisse se brancher non seulement sur le réseau social interne de l'entreprise (et non sur « l'intranet de papa »), mais aussi, et en même temps, sur Facebook, Twitter, Pinterest ou tout autre réseau social en vogue pour accomplir plusieurs tâches, professionnelles et privées, en parallèle. Ce n'est pas une question de caprice, mais de mode de vie. L'accessibilité de l'autre est un postulat de ce dernier, qu'importe d'être chef ou non, « si j'en ai besoin, je dois pouvoir me connecter à lui »…

L'ALPHABET DES GÉNÉRATIONS

Originellement utilisée en sociologie, l'expression « génération X » a été popularisée par le roman éponyme du romancier américain

---

2. Klout.com : site internet qui calcule un indice d'influence sur les réseaux sociaux, en fonction du nombre de commentaires émis à chaque billet posté.

Douglas Coupland[3]. Un usage bien pratique qui s'est étendu aux deux générations suivantes, les Y et les Z, chacune ayant ses caractéristiques propres.

Les X, c'est la génération des actuels quadragénaires

Nés entre 1960 et 1970, après les baby-boomers, leur identité est moins marquée que celle des classes d'âges qui l'ont précédées, comme de celles qui l'ont suivie, d'où le terme de génération X. Arrivés après les batailles de l'après-guerre (celles de la résistance et de la décolonisation, mais aussi des barricades de mai 1968, car ils étaient trop jeunes), leurs rêves d'émancipation se sont brisés sur le front de la crise et du sida.

Les Y sont les 18-30 ans d'aujourd'hui

Ces derniers, que nous avons en partie décrits dans un chapitre précédent, ont grandi avec Internet et le chômage généralisé. Leur arrivée sur le marché du travail marque l'entrée dans la vie active de la première génération d'enfants-rois, structurés par la consommation de masse et l'émergence des nouvelles technologies. Habitués à avoir tout, tout de suite, ils ont aussi été témoins des aléas économiques qui ont vu se succéder, dans le monde du travail, trois « générations Kleenex » en trente ans. C'est pourquoi ils constituent une classe d'âge individualiste, distanciée, zappeuse et critique, d'où la lettre qui la définit : Y en anglais, se prononce comme *why*, qui se traduit par « pourquoi ? ». Leur quête de reconnaissance et la maîtrise des nouvelles technologies bousculent les traditions du management dans l'entreprise.

À noter que 70 % des managers trentenaires déclarent ne pas adhérer aux valeurs de leur entreprise (Congrès HR 2011)... Je prends mais ne me pervertis pas...

---

3. Douglas Coupland, *Generation X: Tales for an Accelerated Culture*, St Martin's Press, 1991.

> **Les Z, dits mutants, nés à partir de la deuxième moitié des années 1990, sont aujourd'hui à peine majeurs**
>
> Contrairement à ses aînées, cette génération n'a pas *découvert* les affres de ce monde très dur, elle est née avec, *greffée à une réalité digitale permanente*. La cruauté de la société contemporaine fait partie de ses postulats. Contrairement à ses aînées, cette génération n'a pas eu à *accompagner* l'essor des nouvelles technologies, elle les a ingérées. Elle a toujours vécu une souris ou un smartphone à la main, vivant en permanence sur plusieurs niveaux de temps, d'espace, de relation, c'est pourquoi j'aime à l'appeler *la génération « mutante »*.

Exposés dès l'enfance au risque de ne jamais pouvoir s'intégrer dans la société, les mutants ont construit leur propre société sur les réseaux virtuels. Ils sont donc dans l'incapacité de comprendre qu'on puisse leur refuser d'y accéder à tout moment. Leur fermer l'accès aux réseaux sociaux revient à les amputer d'un bras. Or, c'est ce que font aujourd'hui les deux tiers des entreprises[4], considérant que le babillage en ligne est une perte de temps ! Même si c'est vrai, imaginer qu'on peut l'éradiquer par la contrainte est chimérique dans un monde et une société interconnectés. S'ils ne peuvent pas accéder à Facebook sur leur poste de travail, les Z le feront *via* leur smartphone…

L'entreprise n'aura pas le choix. Pour intégrer la génération mutante, elle devra obligatoirement inventer un nouveau modèle de management et de communication fondé non plus sur les techniques de « com », mais sur une nouvelle manière de penser l'autre et en toute confiance, comme nous le verrons à la fin de ce livre. Ignorer cet impératif la rendrait incapable d'intégrer les jeunes de demain et l'exposerait à la déloyauté ou l'infidélité. Les us et coutumes relationnels d'hier ne

---

4. Selon une étude Kaspersky Lab, 64 % des entreprises françaises bloqueraient l'accès aux réseaux sociaux (Source : Michael Page – Page Personnel, Sébastien Hampartzoumian, 10 octobre 2011).

font pas recette avec les jeunes d'aujourd'hui. La génération mutante a un paradis composé de repères très éloignés de l'univers traditionnel de l'entreprise. Il repose sur l'ouverture, la transparence, le partage, l'accessibilité…

Pourquoi les Z sont des mutants

Les Z renvoient finalement à des valeurs profondément humaines aujourd'hui largement oubliées du monde l'entreprise. Celle-ci, comme nous l'avons évoqué, est plutôt fondée sur les rapports de force, les luttes de pouvoir et le cloisonnement. Elle laisse de côté les logiques collectives… Poursuivre dans cette voie revient, vis-à-vis des mutants, à refuser de regarder la réalité en face. Les cadres en entreprise sont dans une situation comparable à celle des adultes en famille : les Y les déstabilisent déjà beaucoup en raison d'une incroyable rupture de sens. Les mutants, même formés dans les meilleures écoles, débuteront dans la vie active avec une réelle prise de distance. Il faudra les appâter par la dynamique collective et des projets.

Depuis trente ans, l'entreprise devait séduire. Elle va désormais aussi devoir faire rêver les mutants. Le quantitatif ne suffira pas à ces derniers, il leur faudra du qualitatif. Et cela passera par l'accession à la tête des entreprises de leaders capables de réinventer de nouvelles manières de vivre ensemble au sein de la communauté de travail.

Qu'on ne s'y trompe pas, la génération Z incarne le début d'une véritable révolution humaine, entraînée par le pouvoir d'accélération des nouvelles technologies et des réseaux sociaux. La génération Y était une génération de transition, la Z ouvre le XXIe siècle. Les Y ont clôturé l'Ancien Monde, les Z construisent le nouveau sous nos yeux. À charge pour les adultes de guider un minimum ces jeunes qui vivent dans un monde idéal de partage, de transversalité, d'immédiateté, de fêtes et d'excès en tous genres… Un rôle éducatif que l'entreprise devra aussi assumer – cela fait vingt ans qu'on en parle, mais là, elle est au pied du mur – pour permettre à ces jeunes de passer du stade d'adulte-ado à celui d'adulte salarié.

Tout, tout de suite

Car s'il est vrai que l'entreprise s'en tient parfois aux lieux communs sur la génération Y, les jeunes, à l'inverse, ont aussi tendance à rester dans le déni de la vraie vie et de ses contraintes. C'est la règle du « je veux tout, tout de suite ». Si je ne l'obtiens pas, je refuse de comprendre et je m'en vais. Inculquer la patience à la génération Y était déjà compliqué, avec les Z cela va être un vrai casse-tête pour les managers !

Au demeurant, la confrontation entre les Y et les Z sera très intéressante à observer. Les premiers se sont battus, armés de cynisme et de distanciation. Les seconds sont plus radicaux que les premiers, mais ils sont aussi plus demandeurs de travail collaboratif et de partage. Le jour où les Y manageront les Z, l'ambiance risque de devenir électrique… Je ne peux m'empêcher de citer en exemple un cas vécu dans l'une de nos filiales dédiée au digital et à l'e-réputation, E-Walking : je venais de confirmer l'embauche après la fin de sa période d'essai d'une jeune consultante que je trouvais pleine de potentiel alors même qu'elle avait tout à prouver. Une semaine plus tard, elle sollicite un rendez-vous et avec un aplomb incroyable me demande à être augmentée, « je sais ce que je vaux » ! Bien évidemment, je tombe à la renverse et lui rappelle qu'elle est chez nous depuis seulement trois mois, qu'elle avait accepté sa rémunération sans contrainte à l'époque et que sa partie variable associée à un fixe respectable lui permettra d'accompagner ses ambitions. Je n'ai pu bien sûr m'empêcher de lui signifier aussi que je trouvais sa démarche cavalière et quelque peu déplacée… La semaine suivante, elle revenait avec sa démission sur le thème « j'ai été déçue, c'est une

question de confiance ». En trois mois, cette junior avait réussi en raison de son talent à rayonner sur les médias sociaux sur les sujets de
Marque Employeur et de réputation qu'elle avait découverts chez nous
et, vexée (les Y et les Z ont en commun de se vexer facilement), s'était
laissée tenter par les sirènes en écho à ses profils ouverts en permanence
aux sollicitations sur les réseaux sociaux. Une fois la surprise passée, ce
cas devint pour moi un cas d'école.

Un modèle de management à reconstruire

La génération mutante est une bombe à retardement pour l'entreprise.
La neutraliser, ou plutôt canaliser son énergie à des fins positives, sup-
posera de mettre en place, en amont, des modèles de management très
structurants, éducatifs et pédagogiques. Objectif : faire accepter et respecter les règles du jeu. Le sport collectif est la référence à retenir. Dans
une équipe, il peut y avoir des personnes différentes en matière d'âge,
d'origine et de personnalité. Tous respectent la même règle. Demain,
une logique de droits et de devoirs s'imposera à l'entreprise. Bien évidemment, ces droits et devoirs imposeront une exemplarité totale de la
part du management, comme nous le verrons un peu plus loin au sujet
du leadership de demain.

Tous les fondamentaux du management vont être remis en question par
la génération Z. Que va devenir la culture d'entreprise dans un monde
où les individus seront eux-mêmes leurs propres marques ? Comment
organiser la transversalité quand, même dans les funestes organisations
matricielles, la structure hiérarchique de haut en bas reste le repère
essentiel ?

Pour intégrer et fidéliser les Z, l'entreprise devra se réapproprier des
mots tombés en désuétude et des comportements passés par pertes et
profits : partage, générosité, sincérité, exemplarité… Dans la société,

l'opinion publique est d'ores et déjà en train de les réhabiliter en usant abondamment de l'amplification des réseaux sociaux. Ayons en souvenir le mouvement des indignés et le rejet massif du gouvernement de Jean-Marc Ayrault, associé à l'impopularité de François Hollande, en raison du décalage énorme entre promesses électorales et réalité… La malhonnêteté intellectuelle de droite comme de gauche ne paie plus…

L'ÈRE DE LA CORESPONSABILITÉ

D'évidence, la génération mutante ne sera pas docile. L'entreprise devra démontrer au salarié Z son engagement et sa capacité à miser sur lui si elle veut réussir à l'intégrer et à le fidéliser. Pour tout ce qui touche à l'humain, plus question de se contenter de beaux discours. Les Z demanderont des preuves. Tout le contraire de la logique « dominant-dominé », de censure et de contrôle, qui a façonné les organisations jusqu'à présent.

L'entreprise entre dans l'ère de la coresponsabilité, en matière de gestion et de détention de l'information et de sa réputation. On commence seulement à comprendre qu'elle a partiellement perdu les moyens de maîtriser son image. Grâce aux réseaux sociaux, beaucoup moins prévisibles que les médias de masse, d'autres peuvent s'immiscer dans leurs discours. Mais à l'inverse, elle pourra transformer cette faiblesse en force en jouant sur l'effet démultiplicateur de ses propres salariés, eux-mêmes émetteurs d'information.

UN IDÉAL D'OUVERTURE ET DE PARTAGE

Croire que la génération Z n'est que l'évolution de la Y est donc un leurre. À la différence des Y, les mutants ont un idéal d'ouverture et de partage. Ce sont des utopistes qui – n'ayons pas peur des mots – initient encore une fois une révolution humaine sans précédent en inventant un nouveau paradigme. Ils ne sont pas anti-pouvoir mais en quête d'exemplarité. Il faut avoir à l'esprit que la moitié des enfants de cette génération appartiennent à des familles recomposées. Les symboles de l'autorité paternelle et maternelle, tels qu'ils existaient pour leurs parents, ont volé en éclats. La génération Z ne s'est donc pas structurée par rapport au pouvoir. Dans le monde du travail, elle rejettera les managers autocrates et statutaires. « Le petit chef autoritaire et pas funky pour un sou a du souci à se faire », écrivent Myriam Levain et Julia Tissier[5].

L'ÈRE DES « SLASHERS »

Cette génération entend se réaliser par elle-même, indépendamment des institutions – État, entreprises ou représentation politique – respectées par ses aînées. Déjà, certains Y ont contourné la précarité en cumulant plusieurs emplois, parfois très différents. Ce sont les « slashers » – un terme inspiré du « slash », la barre penchée du clavier d'ordinateur – pour qui cette situation devient quelquefois un mode de vie assumé. Les Z pourront parfaitement faire cohabiter statut de salarié et statut d'entrepreneur par exemple. Du cumul d'emploi pour survivre ou mieux vivre, les Z passeront à la multiplicité simultanée des expériences de vies. En ce sens, il y a urgence à rompre avec les clichés archaïques du temps partiel souvent synonyme aux yeux des politiques, mais aussi d'une part de l'opinion publique, de précarité et de petits jobs. Entre temps partiel subi et temps partiel choisi, il y a un monde ! Malheureusement vu de notre vieux pays et de son administration, le temps partiel confère aux employeurs qui le pratiquent avec sérieux un amalgame systématique avec ceux qui en abusent au détriment de leurs salariés.

---

5. Myriam Levain et Julia Tissier, *op.cit.*

À un moment où le chômage de masse explose, il y a urgence à accompagner et à valoriser le temps partiel choisi : des milliers de personnes, jeunes comme moins jeunes d'ailleurs, sont en quête de forfaits temps adaptés à des priorités ponctuelles ou durables de leurs vies ou études, de retour à l'emploi pour des mères de famille, de santé, de complément de revenus (…).

La restauration, le commerce, le bâtiment et bien d'autres secteurs sont pourvoyeurs de contrats en CDI à temps partiel. La restauration, il est aisé de le comprendre eu égard aux habitudes alimentaires, a des besoins précis pour des horaires précis. C'est un secteur où l'ascenseur social est remarquable, où commencer au bas de l'échelle peut vous emmener très haut. Le temps partiel est de fait le meilleur moyen d'y entrer, de se former, de se faire sa place. Des groupes comme Flo ou encore McDonald's accueillent chaque année des milliers de jeunes à temps partiel, leur permettant de mettre « un pied à l'étrier ».

La flexibilité est un vilain mot pour le monde politique qui a encore malheureusement une vision archaïque et dogmatique de l'économie, alors même qu'elle s'impose au quotidien à chaque entreprise et à chaque citoyen. Il y a urgence donc à faire évoluer les mentalités. La quête de souplesse, même si parfois elle s'apparente à des enjeux de survie pour certaines entreprises, est souvent un impératif en matière d'adaptabilité aux nouvelles habitudes de consommation.

Mais les jeunes Y comme Z vont attendre demain de la créativité de la part des entreprises. Difficile en effet pour un jeune, plus ou moins qualifié, de trouver un temps plein au moment où, pour amortir le matraquage fiscal, les entreprises ont de plus en plus recours justement au temps partiel. Critiqué, comme nous l'avons vu, comme source de précarité, il n'est pas forcément perçu comme tel par les plus jeunes dont le système D va les amener à passer de petit job en petit job. Imaginons maintenant que face à l'Everest du droit social et du code du travail, on soit capable de créer des passerelles entre les conventions collectives de différents secteurs d'activités qui ont besoin de temps partiels mais pas au même moment comme la restauration, le commerce, le bâtiment. Nous pourrions généraliser, ce qui existe de manière embryonnaire dans certains bassins d'emploi comme dans le Nord, des groupements d'employeurs dont l'addition de temps partiels garantirait aux jeunes de vrais temps pleins. Bien sûr, il faut que le législateur accompagne sans trop de lourdeur ce qui ne manquera d'être assimilé à de la flexibilité patronale par certains. Avoir un contrat multiemployeurs pour démarrer ne fera pas peur à ces Z, bien au contraire… Où travaillez-vous ? Chez Hippopotamus et chez Décathlon, pourquoi ?

UNE GÉNÉRATION D'ENTREPRENEURS

Architectes de leur propre existence, les mutants sont aussi attirés par la création d'entreprise. Quand on leur demande ce qu'ils veulent faire plus tard, ils répondent en premier lieu, « créer mon entreprise »[6]. Arrivent ensuite l'envie de rejoindre une PME, puis celle d'intégrer une entreprise privée et en dernier lieu seulement, le souhait de devenir fonctionnaire. C'est un vrai retournement par rapport aux décennies 1980 à 2000, au cours desquelles la priorité des jeunes était de rejoindre la fonction publique ou un grand groupe. La génération Z incarnera sûrement la première vraie génération d'entrepreneurs postérieure à toutes les années de crise depuis 1975.

La génération Z va enterrer un concept qui pollue les relations employeurs-employés depuis vingt-cinq ans et que j'ai abordé précédemment : l'équilibre entre vie professionnelle et vie privée. Hyperconnectée, elle passera en permanence de l'une à l'autre. La fermeture des bureaux à 19 heures a pour elle d'autant moins de sens que

6. Source : Ipsos 2011.

son bureau n'est pas physique, c'est celui de son ordinateur portable, de l'écran de son smartphone ou de sa tablette ! Chacun emporte sa vie en permanence avec soi dans son terminal. Téléphoner ne représente déjà plus qu'un quart des usages du mobile. Et demain, l'usage de la voix empruntera tous les terminaux, jusqu'aux télévisions connectées qui arrivent actuellement en magasin et dont on pourra se servir pour téléphoner *via* un service comme Skype. L'entreprise a plus intérêt à s'intégrer dans cette pratique de connexion continue de toutes les sphères de la vie de ses employés que de s'en tenir à l'écart.

Là aussi, ami lecteur, DRH et dirigeants ont tellement brodé sur ce concept d'équilibre que le mal-être actuel les discrédite totalement. Si les entreprises avaient réellement mené une politique, dite d'équilibre, pourquoi serions-nous aussi déséquilibrés ? L'entreprise doit penser les individus comme un tout et non comme un « 50 % » de vie !

L'individu 2.0, pour reprendre le langage d'Internet, est un citoyen de l'agora du Web qui, contrairement aux générations passées, ne fragmente pas sa vie. Il emporte du travail à la maison et sa maison au travail. Si l'entreprise cherche à freiner cette tendance, dans le meilleur des cas elle appauvrira le potentiel de cette génération. Dans le pire, elle la perdra. Il n'y aura même pas de choc de générations, mais un infranchissable mur d'incompréhension.

LES DROITS ET LES DEVOIRS

Un écueil à la réconciliation est que la génération Z est plus sûre de ses droits que convaincue de ses devoirs. Ces derniers n'ont pas été suffisamment inculqués à cette classe d'enfants-rois digitaux devenue leader d'opinion, que ce soit en matière de civisme à l'école, dans la famille ou encore dans la société civile. L'entreprise va donc être obligée de s'y coller. Quel défi ! La tâche implique de repenser de bout en bout les fondements de l'autorité en entreprise, de la formation et de l'apprentissage. Les mutants réclameront que l'entreprise se vive en communauté. La réputation employeur passera par la fierté d'en être un collaborateur. Et comme ces derniers sont hyperconnectés, tout sera étalé au grand jour… Non pas à la suite du déroulement d'un plan de communication, mais en écho à l'expérience vécue par les salariés.

La génération mutante sait parfaitement lire entre les lignes. Elle ne se laissera pas convaincre par les beaux discours et autres superlatifs. Elle fait le tri entre les faits vérifiables et le déclaratif, et si la balance penche en faveur de ce dernier, au mieux elle se détourne, au pire elle le lynche sans se gêner sur les réseaux sociaux. L'Internet est en la matière son allié. Il existe par exemple aux États-Unis un service de flashcode (des codes-barres que l'on peut scanner avec son téléphone portable) qui délivre instantanément toute une « fiche de respectabilité sociale » de l'entreprise à partir du code-barres du produit : turn-over, investissement formation, égalité homme/femme, etc., synthétisée par une note. On voit bien à travers cela que l'image sociale de l'entreprise rejaillit sur son image de marque globale, et donc sur son marketing.

Mais l'entreprise devra repenser aussi toute sa politique de recrutement et passer d'une culture de l'attractivité à une autre de la sélectivité au nom du vivre ensemble. Le contrat de travail aura un corollaire, le contrat du vivre ensemble, véritable charte d'adhésion aux valeurs et us et coutumes « maison ». Prêter serment à un code de conduite peut sembler dépassé alors même qu'il réclame du courage pour sa mise en œuvre et pour son application. Être loyal dépasse le cadre contractuel pour embrasser une dimension morale qui fait de plus en plus défaut. À méditer sans jugement de valeur.

Une cohabitation potentiellement conflictuelle

Dans un premier temps, la cohabitation des générations risque d'être quelque peu « rock n'roll ». Il y aura une confrontation, d'autant qu'au moment où les mutants entrent dans le monde du travail, l'âge de la retraite recule et la durée d'activité professionnelle des séniors augmente. Parallèlement, les difficultés d'intégration perdureront car, en l'absence de retour au plein emploi, l'entreprise continuera de souffrir d'un déficit d'image auprès des jeunes. Entre les sans-diplômes exclus du système (environ 200 000 par an depuis 2000), qui sont de plus en plus nombreux à basculer dans la marginalité et dont le seul espoir « est de prendre n'importe quoi comme boulot », et les diplômés qui savent user des bonnes pratiques, la fracture sociale au sein d'une même génération est terrible et sans précédent ; gardons encore une fois à l'esprit les 20 % de jeunes Français qui ont voté Front National à l'élection présidentielle de 2012. L'entreprise devra faire face à ce clivage et gérer cette nouvelle forme d'injustice sociétale dont le principal responsable est la faillite d'un système éducatif ankylosé dans une vision doctrinaire d'un enseignement qui a oublié sa vocation : donner à tous le goût d'apprendre…

On peut s'attendre à de lents progrès dans la relation entre l'entreprise et les jeunes de la génération Y, car les perspectives sont meilleures à long qu'à moyen terme. En attendant, la génération Z est accoudée à la balustrade et attend son tour. Mais elle n'est pas inactive pour autant.

Seuls les adultes les moins clairvoyants continuent de penser : « Il (ou elle) ne fait rien, il (ou elle) est devant son écran. » En fait, c'est le contenu de l'activité qui a changé. Les jeunes sont en suractivité par écrans interposés. Les réseaux sociaux jouent le rôle de capteurs d'émotion. Ils ont largement franchi les murs de l'entreprise. J'interviens dans des conférences pour les professionnels et, depuis peu, je me suis aperçu que certains auditeurs relaient mes propos en temps réel sur Twitter. L'important pour ces derniers, ce n'est pas seulement de retransmettre les informations que je délivre, mais de se positionner en référents internet sur un sujet donné.

Autant l'admettre, nul ne détient aujourd'hui la recette qui permettra de canaliser ces messages, qui partiront de partout et dans tous les sens. Ce qui est sûr cependant, c'est que la manière forte est une guerre perdue d'avance. Elle pourra certes permettre de gagner du temps en poursuivant par exemple devant les tribunaux les salariés indiscrets, comme certaines entreprises l'ont fait. Mais sur le long terme, on ne peut rien contre les lames de fond sociétales.

DEUX EXEMPLES D'UTILISATION DYNAMIQUE DES RÉSEAUX SOCIAUX D'ENTREPRISE

Attention de ne pas confondre intranet d'entreprise et réseau social. Les deux n'ont pas la même fonction. Le premier est une base de données plutôt statique qui donne accès à des ressources documentaires telles que l'annuaire et des documents internes, des catalogues et procédures, etc. Mais il n'atteint pas le degré d'interactivité et de transversalité que peut avoir un réseau social d'entreprise. L'exemple d'applications de réseau social proposé par la société de services informatiques Salesforce permet de se rendre compte ce qu'un réseau social peut apporter de différent, tout comme celui de l'enseigne Simply du groupe Auchan.

L'exemple de Salesforce

Début 2012, Salesforce a intégré l'application de « gestion du capital humain » Rypple (rebaptisée Successforce). Objectif : rendre les réseaux sociaux d'entreprises plus ludiques et plus proches « de la réalité des employés d'aujourd'hui », explique le groupe dans un article publié par L'Atelier BNP Paribas.

L'application utilise en effet les mécaniques du jeu pour encourager la participation des employés et les récompenser. Par exemple, les utilisateurs – qu'ils soient leurs supérieurs hiérarchiques ou non –

peuvent gratifier leurs collègues d'une récompense sous forme d'un « merci » ou d'un « badge » décrivant une qualité dont ils ont fait preuve (« leadership », « défense des intérêts du client », « détermination », etc.) dans certaines circonstances professionnelles. Cette récompense « apparaît sur le profil de l'employé, visible par toute l'entreprise. (…) Ce système de profil social permet donc de donner de la visibilité à quiconque apporte de la valeur à l'entreprise, en dépit de la hiérarchie. Ces mécaniques de jeu et aspects sociaux visent à encourager le retour et les récompenses entre employés tout autant qu'à promouvoir, en leur sein, les valeurs et la culture de l'entreprise », explique un responsable de Salesforce à L'Atelier BNP Paribas.

Le cas de Simply

Simply qui rassemble plus de 13 000 collaborateurs répartis dans des supermarchés est devenue la marque des anciens supermarchés Atac ; le changement de nom s'étant opéré péniblement dans un premier temps, la direction de Simply a accepté de lancer un vrai réseau social interne, permettant aux salariés de communiquer entre eux mais aussi avec toute la ligne hiérarchique, y compris le DG. MySimply est aujourd'hui un véritable facilitateur de bonnes pratiques, un outil d'adhésion incroyable permettant à tous d'être acteur et émetteur. Ce réseau jette naturellement des ponts entre les générations et contribue à développer une fierté remarquable entre des salariés éclatés sur tout le territoire. La véritable vie en ligne avec un mot d'ordre : la liberté d'expression pour tous !

LE TRIOMPHE DES VALEURS FÉMININES

Inutile aussi de chercher les leçons de l'expérience, l'historique est trop récent. Les entreprises sont encore focalisées sur la génération Y (exigeante, zappeuse, etc.), mais la Z s'annonce beaucoup plus complexe. La Y a instauré des mécanismes de survie, la Z veut rebâtir le monde, avec ou sans ses aînés. C'est une première. Les Z sont à l'image de leur époque, ils annoncent une civilisation davantage portée par les valeurs féminines que masculines. Si elles ne disposent pas toujours du pouvoir, les jeunes femmes prennent une part de plus en plus active à la marche de l'histoire. Le rapport aux autres, la quête de la beauté, la préférence pour l'influence au détriment du rapport de force, sont autant de postures plus féminines que masculines qui pénètrent de plus en plus la société.

La grande fraternité universelle

La génération Z aura été témoin, c'est une première dans l'histoire de l'humanité, de la recomposition de la grande fraternité universelle. Internet déstabilise réellement les leaders traditionnels et toutes les formes autoritaires de pouvoir. On vient encore de le voir en Birmanie par exemple.

L'expression « révolution humaine » reprise plusieurs fois dans ce livre ne manquera pas de paraître exagérée à certains. Je suis convaincu qu'elle ne l'est pas, et qu'elle décrit au contraire la situation au seuil de laquelle nous sommes. C'est une page blanche. Pour comprendre ce qui se passe actuellement, il faut vraiment avoir en tête les ressorts des grandes révolutions. On tourne la page, on change de société. On vit ce que par exemple les pères fondateurs de la révolution américaine ont vécu, Washington couchant sur le papier la Constitution des États-Unis. La génération mutante porte peut-être les Washington et les Lafayette des temps présents. Est-ce qu'ils auront la pugnacité d'aller jusqu'au bout ? L'enjeu est de leur faire comprendre que tout ne se joue pas à la vitesse électronique. On n'obtient pas tout d'une simple pression de l'index sur un écran tactile…

Cette révolution humaine rompt brutalement avec les clichés de l'entreprise déshumanisée au profit d'une vie en collectivité. Je fais le pari qu'à l'instar de la culture zapping se cache une espérance de fidélité et de durabilité dans la relation. Pour révéler cette espérance, l'entreprise devra être capable de s'assumer en tant que communauté de vies et de développer du lien entre tous ses salariés. Les Z sont farouchement attachés aux notions de tribu et de famille, symbole d'authenticité ; inconsciemment, ils en rêvent pour l'entreprise. Au chapitre dédié au leadership humain, aux valeurs fraternelles, nous verrons que l'entreprise devra se penser en mode solidaire.

L'art de la communication transparente et transversale sera un atout de performance indiscutable aux yeux de cette génération qui, si l'entreprise lui en donne les moyens, ne voudra qu'une chose : revendiquer sa fierté « d'en être ».

Chapitre 5

Les nouveaux défis de l'entreprise

L'hymne de la pyramide inversée • Le nouveau lexique du management • Le défi de la parole • L'Europe en retard sur l'e-gouvernance • Le devoir de partager • Le pouvoir de la multitude • Confiance et transparence, un double défi • Le vrai sens du « R » de RH • Le nouveau rôle éducatif des cadres • Du contrat de travail au contrat moral • L'intégration du nouveau salarié, une étape cruciale • Sortir de la corvée des entretiens annuels • Les contraintes des nouveaux patrons • Halte à la communication autiste ! • Cinq chantiers révolutionnaires • Le retour des sciences humaines

Qu'on le veuille ou non, l'entreprise telle qu'elle se présente dans l'hyper financiarisation actuelle est l'un des symboles les plus résistants d'un monde passé qui avait fini par élever la déshumanisation des tâches et la sur-création de richesses en principe ; à l'image de l'indignation mondialisée (Christian David, *L'Expansion*, novembre 2011), véritable révolution sociétale hyperconnectée et relayée par les réseaux sociaux, les opinions publiques dans leur ensemble vivent une crise de confiance *historique* vis-à-vis de toutes les formes de pouvoirs démagogiques et égocentriques. Le « plus personne n'y croit » est devenu la chanson à la mode qui pointe du doigt celles et ceux qui ont le pouvoir sans la morale, le sens de l'ambition sans celui du partage. Le point commun

entre toutes les formes de pouvoirs rejetées est de s'être bâties à crédit : crédit financier, crédit stratégique, crédit humain. De fait, chaque
parole censée s'inscrivant durablement dans la vie des gens est balayée,
rejetée au moindre frimas d'une météo économique atteinte elle aussi par le dérèglement climatique. Tenir, résister, casser les habitudes,
penser autrement, inventer de nouveaux rites, c'est bon pour les organisations mais pas pour le pouvoir sacro-saint. Peter Drucker, le gourou
du management, affirmait que le salaire d'un dirigeant ne devait jamais
dépasser de 20 fois celui d'un smicard ; aujourd'hui on atteint des différences de 500 fois dans certaines multinationales… Charte éthique,
code de valeurs, principes moraux sont pourtant légion mais sont devenus les miroirs grossissants du décalage entre les mots et l'exemplarité
des comportements. La *vox populi* et sa caisse de résonnance que sont
désormais les médias sociaux ne pardonnent plus rien à l'image de
l'entreprise. L'assujettissement de la valeur humaine aux ratios financiers, même s'il ne date pas d'hier, est devenu insupportable, du cadre
dirigeant à l'ouvrier, unis médiatiquement dans une quête de reconnaissance non pas financière, mais en humanité.

L'expression « révolution humaine », sur laquelle se termine le chapitre
précédent, n'a donc rien d'exagéré. Une période révolutionnaire est
réellement en train de s'ouvrir et jette des ponts partout où les ego ont
bâti des murs pour protéger leur pouvoir et affirmer leur autorité. Il en
va de même dans l'entreprise.

En France, même si on ne coupe plus les têtes et on ne dresse plus de
barricades, la révolution est dans les mœurs. Elle fait voler en éclats tous
les repères relationnels traditionnels. À commencer par le cadre familial, où la famille recomposée est en train de devenir la norme, rivalisant
avec la famille traditionnelle, et demain la famille homoparentale…

À l'échelle de la société, les médias sociaux dynamitent tous les principes
d'autorité établis, tels que la mainmise sur l'information et le contrôle

de la communication. Car désormais tout se sait, tout se dit en temps réel. Les médias eux-mêmes sont dépassés au profit de la blogosphère et des *tweets*. Le journalisme citoyen concurrence le professionnel au profit d'une triste surenchère du sensationnel et d'une dérive qui font prendre le moindre message pour vérité.

L'entreprise n'échappe pas à cette remise en cause. Elle ne définit plus son règlement intérieur ; elle est obligée de s'adapter à de nouvelles règles.

Quand le cadre professionnel se caractérise par la perte de sens, par la robotisation des tâches, par le mal-être et que tout, à l'extérieur, aspire au mieux-être et à plus de « liant » entre les gens, il n'y a pas d'échappatoire. Le problème est que les modèles d'organisation et d'accession au pouvoir sont encore fondés sur des logiques de pouvoir et non de vision humaine dédiée à un projet donné.

L'hymne de la pyramide inversée

Depuis toujours le symbole du pouvoir, de la hiérarchie se caractérise par une pyramide pointe en haut à l'image de celles d'Égypte, symbole de la connexion divine. Cette métaphore, symbole mystique de la masculinité dans la Kabbale et par-delà les mysticismes ancestraux, traduit la force qui domine le et les sujets. Aujourd'hui, ce symbole incarne davantage l'isolement du chef et la confrontation à un monde porté de plus en plus par les valeurs féminines. À l'inverse, la symbolique mystique du principe féminin est justement une pyramide qui pointe vers le bas, à l'image de la représentation de l'alpha et de l'oméga qui orne la basilique Sagrada Familia bâtie par Antoni Gaudí à Barcelone et toujours en cours de construction. En clair, pour celui qui a le talent, l'expérience de devenir dirigeant, son rôle n'est ni d'être « au-dessus de » et encore moins de s'asseoir sur le pouvoir, mais bien de mettre son énergie, son talent, son expérience au service de ses troupes, de celles et ceux qui délivrent soit des services, soit des biens manufacturés. Porter l'entreprise plutôt que de la dominer : une philosophie à méditer. De plus, bien avant que l'entrelacement des deux triangles ne prenne la dénomination de sceau de Salomon, l'ésotérisme ancestral faisait de cette figure l'étoile à six branches, l'illustration de l'harmonie, de l'équilibre, de la justice et du rayonnement autant terrestre que céleste. Et si l'humain redevenait l'alpha et l'oméga de l'entreprise ?

Cette révolution humaine est encore largement occultée, aussi bien dans la vie politique où la majorité des dirigeants ne font plus rêver, que dans le monde des affaires où les patrons ne forcent plus l'admiration. Ni les uns ni les autres ne sont porteurs de messages d'espoir car, du haut de leur pyramide, ils sont déconnectés du réel. Le principe de pyramide inversée qui, à mon sens, a un bel avenir aux yeux des nouvelles générations, va transformer le sens de l'autorité, revisiter la valeur ajoutée et la contribution des dirigeants. Mais pour cela il faudra en visiter non pas le sens caché mais bien le sens visible, celui de la contribution, du don de soi et de l'humilité aussi. Porter et non supporter fera sens, aider et non assister aussi.

Le nouveau lexique du management

L'entreprise ne pourra certes pas reproduire à l'identique le fonctionnement de la société civile, car ce n'est pas sa vocation. Mais elle va devoir édicter de nouvelles règles. Elle va devoir passer de l'ère de la surveillance, des rapports de domination à, comme nous l'avons vu précédemment, l'ère de la coresponsabilité. Dans un monde ouvert et transversal, la reconnaissance hiérarchique passe avant tout par l'exemplarité et la transparence.

Dans ce monde en mutation, l'entreprise va devoir découvrir un vocabulaire qui lui est étranger, remettre au goût du jour une série de mots qui, individuellement, sont autant de défis. Le partage est le premier d'entre eux. En France, dans le monde économique, on ne l'entend que dans sa dimension pécuniaire. Mais en l'occurrence, il ne s'agit pas uniquement de partage des profits. Le partage, c'est avant tout l'échange avec les autres.

Le lexique du management va également s'enrichir du terme « générosité ». On a du mal à le croire mais c'est inéluctable à terme. Car les leviers traditionnels que sont l'argent ou les galons n'enthousiasment pas les jeunes générations. Elles ne veulent plus de chef, au sens de « petit chef ». La promesse de le devenir n'est pas le moteur de leur motivation.

À l'inverse, la reconnaissance, l'écoute, la passion, l'investissement dans un projet défini sont efficaces. Ce n'est pas pour rien que les salariés, notamment les plus jeunes, ont tendance à privilégier les PME aux grands groupes, les groupes à capitaux familiaux à ceux détenus par la Bourse… Dans les premières, les individus ont plus de chances d'être reconnus. Ils veulent être acteurs et reconnus comme tels et non plus spectateurs d'une pièce avec laquelle ils ne sentent aucune affinité.

Le « co » a de l'avenir : coresponsabilité, co-création, coréalisation, co-management… Il est le « faire ensemble » de demain.

Cette culture du « co » est très éloignée de celle pratiquée un peu partout ; seules des entreprises pionnières s'y essaient aujourd'hui ; la plupart du temps, elles ont en commun soit d'avoir un capital familial, soit un actionnariat salariés développé. On peut citer des groupes comme Adeo (Leroy Merlin, Bricoman…), Happychic (Jules, Brice, Bizzbee), Décathlon, Kiabi… Ou encore les vedettes de la Silicon Valley déjà citées.

Philippe Ginestet, un exemple de réussite généreuse

Si les relations entre les dirigeants et les salariés sont le plus souvent dénuées d'humanité, le contraire existe aussi. À titre d'exemple, je citerai une rencontre exceptionnelle avec Philippe Ginestet, le patron fondateur du groupe GiFi. En vingt-cinq ans de carrière, je n'ai jamais rencontré un chef d'entreprise aussi obsédé par le bien-être de ses salariés et par l'envie de leur faire plaisir, et en contrepartie aussi adulé – les mots peuvent vous sembler excessifs et pourtant si notre lexique nous en offrait de plus forts, je les utiliserais immédiatement.

Parti de rien, ancien camelot sur les marchés, spécialiste des fins de séries qu'il se procurait lui-même directement auprès des usines, avant d'ouvrir son premier magasin GiFi le 18 septembre 1981 dans son fief de Villeneuve-sur-Lot (Lot-et-Garonne), Philippe Ginestet est aujourd'hui la 106e fortune de France. En trente ans, « GiFi, le soldeur », comme il se définissait à l'époque, est devenu « le leader français de produits premiers prix pour la maison et la famille », avec près de 400 magasins et plus de 800 millions d'euros de chiffre d'affaires annuel. Son objectif, porter à 1 000 le nombre de ses magasins pour un effectif de 10 000 salariés.

Tenté par les sirènes de la Bourse, il a fini par en sortir pour reprendre sa liberté. Les marchés lui avaient confisqué l'essentiel : du temps pour vivre au quotidien dans ses magasins. À un moment où tout l'autoriserait à se mettre les pieds en éventail, il continue inlassablement à sillonner les routes, allant d'équipe en équipe, connaissant la vie de la plupart de ses salariés, n'oubliant jamais un anniversaire… Voilà pour le personnage !

Présentés par un ami commun, le patron de TCV Prod Christian Montabrun, je me trouve face à un dirigeant qui, pour les 30 ans de son entreprise, ne savait que faire pour surprendre ses équipes, leur rendre hommage ! Loin des briefs classiques, sa volonté était de leur faire vraiment plaisir.

C'est ainsi qu'est né le challenge interne « GiFi a du talent » en faisant des 30 ans l'année des talents de GiFi. Une idée simple (ce sont toujours les plus efficaces) : face à un patron hors norme et charismatique, il suffisait d'inverser les rôles et de donner la vedette aux équipes, elles-mêmes. Chacune sur la base du volontariat avait carte blanche pour mettre en scène son talent dans une vidéo de 3 minutes. Résultat, une mobilisation humaine sans précédent : 150 vidéos tournées en deux mois !

Un grand jury fut constitué du musicien et juré de l'émission télévisée La Nouvelle Star, André Manoukian, et du patineur Philippe Candeloro, de Christian Montabrun et du staff de GiFi pour sélectionner 30 lauréats. Plus qu'un succès, la mobilisation des équipes était le miroir de cette relation incroyable entre un homme et ses troupes, chacun voulant épater l'autre…

Les 30 lauréats furent « mis en ligne » et soumis aux votes du grand public et des clients, relayés par une campagne télévisée unique en son genre. À entreprise exceptionnelle, résultats exceptionnels : plus de 100 000 internautes connectés, 32 000 votes sous contrôle d'huissier… Le point d'orgue de cette aventure humaine, un Festival de Cannes grandeur nature à… Villeneuve-sur-Lot. Un ministre de la République, des stars, 1 000 invités et une cérémonie animée par l'animateur de télévision Jérôme Anthony, digne des Césars ou des Oscars. Pour la première fois de ma vie professionnelle, j'ai été témoin d'une vraie histoire d'amour. Partager, donner, quand on a eu le don et le talent de bâtir, c'est la marque Ginestet, une marque qui devrait inspirer nombre de dirigeants et de politiques en manque de reconnaissance. Le jour où les leaders comprendront que pour obtenir le meilleur de leurs équipes, il faut commencer par leur donner le meilleur de soi-même, la vie en entreprise sera beaucoup plus inspirante qu'aujourd'hui.

Le verbe « aimer » va devenir la marque d'intelligence et de reconnaissance la plus surprenante dans les années à venir. Aimer ses équipes, aimer son travail, aimer ses clients. Aimer pour se réaliser. Je vous sens plus que sceptique, ami lecteur, et je vous comprends. Aimer frôle une forme d'idéalisme et d'utopie tellement éloignée de notre quotidien. Et pourtant je peux vous l'assurer, certains dirigeants commencent à y croire soit par conviction profonde soit par opportunisme ; j'ai pu organiser des séminaires de dirigeants dans de très grands groupes dont l'objectif, par rapport à la pression économique et à la tentation d'un tour de vis, était de valoriser la puissance du verbe aimer pour obtenir le meilleur des troupes. Point de duperie, je vous rassure, ni de bréviaire, mais bien chercher à faire appel à ce que l'homme a de meilleur pour donner le meilleur et espérer obtenir le meilleur. Croyez-moi, entendre le DRH d'un immense groupe décliner la vertu d'un management fondé sur le verbe aimer à ses cadres dirigeants, « ça décoiffe » et cela donne de l'espoir même aux plus sceptiques. Cela permet aussi de revisiter la notion de respect, traduction de l'exigence et de la réciprocité.

Autres exemples : à la question d'un journaliste, « Comment rester proche de salariés qui se comptent par milliers et sont dispersés aux quatre coins du monde ? » Lire la réponse de Dominique Giraudier, patron du groupe Flo : « En les aimant, tout simplement. Oui, on peut aimer 8 000 personnes en même temps ! » ; ou encore cette interview de Pierre Pringuet, président du groupe Pernod Ricard dans *Capital* d'octobre 2012, où, interrogé sur la crise et les excellents résultats du groupe devenu numéro deux mondial des vins et spiritueux, « La crise ne semble pas avoir de prise sur Pernod Ricard. Comment l'expliquez-vous ? », il répondit : « La clé, c'est la confiance que nous accordons aux hommes. Chez Pernod Ricard, ils prévalent sur tout, les organi-grammes, les procédures, etc. »

Le verbe « aimer » a déjà ses dirigeants référents, espérons qu'ils deviendront un exemple pour le plus grand nombre.

Le défi de la parole

L'exemple de Philippe Ginestet rappelle, ami lecteur, que le plus grand des défis est celui de la parole. La parole de l'entreprise a en effet perdu tout crédit. Les jeunes générations, en particulier, n'y croient pas. Elles n'ont pas confiance, c'est pour elles un postulat : 75 % des 25-30 ans ne veulent pas ressembler aux patrons actuellement en poste[1].

Cette révolution humaine, on l'a déjà dit et on ne le répétera jamais assez, passe par les réseaux sociaux. Toutes tranches d'âges confondues, 61 % des salariés sont sur Facebook[2]. Et on approche les 100 % chez les 20-25 ans. On n'attend pas d'être adulte pour avoir un profil : 92 % des 15-17 ans ont le leur sur Facebook, 64 % des 11-13 ans[3], sachant que l'on ne peut en principe s'inscrire sur ce réseau avant l'âge de 13 ans ! Twitter, que personne ne connaissait il y a trois ans, frôle les 6 millions d'utilisateurs…

L'Europe en retard sur l'e-gouvernance

Dans ce contexte, je constate avec effroi que l'Europe est très en retard en matière d'e-gouvernance. On peut compter sur les doigts de la main le nombre de présidents qui « tchattent » régulièrement avec leurs collaborateurs, le nombre de leaders qui animent leur propre blog, le peu de directeurs qui participent à des forums internes, etc.

Les moyens existent mais la majorité des managers n'ont pas la tournure d'esprit pour partager, transmettre et échanger sans intermédiaire. Hier, ils sacrifiaient aux canons de la communication dite *corporate*, plaquette, intranet, rapport annuel, réunions d'information… et avaient

1. Source : Congrès HR.
2. Source : Cegos, janvier 2012.
3. Ibid.

le sentiment d'avoir accompli leur tâche. Mais cette doxa n'a plus lieu d'être. Aujourd'hui, les individus, influencés par le numérique, exigent d'un patron qu'il soit accessible. Le *corporate* humain est en marche !

LE DEVOIR DE PARTAGER

Historiquement, le patron était enfermé dans sa tour d'ivoire. Son entourage cultivait le mythe du patron inabordable. L'inaccessibilité était un des attributs du pouvoir. Dans les années à venir, le patron devra exister au milieu de ses troupes et être joignable par les canaux digitaux.

À l'image de l'ancien ministre Thierry Breton, patron d'Atos qui a supprimé la messagerie interne au profit d'un vrai réseau social interne permettant à tous de se rendre accessible, de partager, d'échanger, ou encore de Dominique Giraudier que j'ai déjà évoqué, directeur général du groupe Flo, qui anime une tribune militante sur son site *corporate* et plusieurs tchats externes et internes. Pas étonnant, qu'il ambitionne que sa jeune DRH Sophie Mouhieddine soit reconnue comme la directrice du bonheur en entreprise ! Il a compris depuis longtemps que le vrai sens du R de RH est celui de relations, de réseaux, de responsabilités et non de ressources.

L'entreprise, qui avait l'entière maîtrise de sa communication et une véritable emprise sur sa réputation, va devoir composer avec une multitude de leaders d'opinion non identifiés préalablement, voire anonymes, qui seront capables de parler d'elle en dehors de tout contrôle.

Nous sommes au moment charnière où le réflexe est de se protéger de cette menace, alors qu'il faudrait au contraire libérer les énergies. Dans les premiers stades d'une révolution, le pouvoir cherche à brider ou à manipuler son opposition. Mais si la contestation est fondée, la vague finit par tout emporter sur son passage.

Le pouvoir de la multitude

Or la déferlante est à nos portes : 70 % des consommateurs de 25 à 49 ans déclarent que l'intérêt porté par une entreprise à ses salariés va de plus en plus conditionner leurs actes d'achat. La même proportion de salariés estime qu'il est de leur devoir de critiquer les mauvaises pratiques de leur employeur[4].

À l'inverse, 84 % des cadres se disent prêts à s'exprimer en leur nom propre sur les réseaux sociaux pour défendre leur entreprise si elle était attaquée. 40 % estiment qu'ils peuvent s'exprimer librement sur leur travail[5]. Ces chiffres vont s'accroître dans les années qui viennent.

L'entreprise est confrontée à des individus qui ont tous désormais leur territoire de marque. C'est évident avec les très jeunes, qui ont leur audience, communiquent et sont des contributeurs. Ils appartiennent à la mouvance Wikipédia. Ils sont encore dans l'égocentrisme du rayonnement. Mais l'entreprise étant au centre des préoccupations de chacun – qu'elles soient alimentaires ou pas – devient un sujet majeur d'informations.

En 2006, j'ai décidé de mettre un terme à seize ans de bons et loyaux services chez Publicis et de repartir de zéro. À l'époque, on ne parlait pas de Facebook, encore moins de Twitter ou de réputation ; nous en étions seulement au bon vieux site maîtrisé et relu comme une plaquette à éditer sur papier glacé. Et pourtant les germes de la révolution étaient déjà là ; aux États-Unis se développaient les premiers réseaux sociaux internes, par exemple ; j'ai pris conscience que tous les fondamentaux de la communication et du management allaient être balayés par cette appétence émergente à l'instantané et au partage. C'est ainsi

---

4. Source : L'Atelier BNP Paribas/Cifop.

5. Ibid.

qu'intuitivement, j'ai eu l'idée de créer le métier de conseil en réputation d'entreprise, avec dès le départ un postulat à contre-courant de toute logique : à terme, il ne pourra pas y avoir de réputation d'entreprise (vis-à-vis des clients, des marchés financiers, de l'opinion…) sans une solide réputation employeur. Nous y sommes ! Aujourd'hui, les communicants égocentriques sont morts par rapport à cette réalité ouverte dont chacun, à commencer par les salariés, est acteur.

CONFIANCE ET TRANSPARENCE, UN DOUBLE DÉFI

Pour les entreprises, le défi est double. En interne, le pouvoir va devoir oser affronter sa propre « concurrence » pour fonder un management de la confiance très éloigné de la pratique actuelle. En externe, il va devoir risquer la transparence.

Face à ces enjeux, les réponses d'hier sont dépassées. Et les nouvelles solutions sont d'autant plus difficiles à imaginer que les dirigeants d'aujourd'hui ne se pensent pas en tant qu'employeurs. Pour beaucoup, cette dimension est l'affaire de la DRH ; ils préfèrent se concentrer sur les aspects financiers, marketing que de travailler les ressorts nettement plus compliqués de l'adhésion et de la motivation. À leur décharge, ils n'y ont pas été préparés, ni formés. L'humain et la sociologie sont les grands absents des formations des futurs dirigeants. Un comble. Si on limite la stratégie aux produits, à l'outil de production, à la vente et aux finances, sans l'alimenter d'une dimension humaine prospective, on court le risque d'être en contradiction avec tout ou partie des publics de l'entreprise, clients, salariés actuels et futurs, actionnaires…

La plupart des patrons en poste ne sont pas capables de transformer l'entreprise en une communauté de vie. Ils n'ont pas été formés à traduire le projet industriel en un projet humain. Pour prendre un exemple dans l'actualité, celui de Renault est très représentatif de cette carence.

Carlos Ghosn, son président, a un vrai projet industriel, avec une vision mondiale, mais il a oublié que les vies restent locales. Encensé par la presse à son arrivée, auréolé d'une réussite japonaise incroyable, il devait être *le* grand patron historique de « la Régie ». Rapidement ses engagements se sont évaporés au profit d'une « loganisation » de l'esprit Renault, une pression managériale inédite s'est déversée créant un mal-être historique. Pour passer d'un losange greffé dans le cœur à une vision multimarques universelle, il est nécessaire de prendre les salariés par la main et de les accompagner. Les suicides au centre de recherche du constructeur, l'incroyable histoire des « fuites »[6] sont les marqueurs d'une évolution où nombre de salariés de Renault se sentent complètement perdus par rapport à un patron qui ne les représente plus. Pire, qui incarne une vision *low cost* de l'automobile, certes rentable, mais sans ambition humaine affichée. Et pourtant, cette même stratégie *low cost* et sa politique de délocalisation (malgré la présence de l'État dans son capital) permettent aujourd'hui à son groupe de s'en sortir mieux que ses concurrents. Mais à quel prix humain… Qu'en serait-il s'il avait fait preuve de plus de proximité et de pédagogie ? Il serait sûrement adulé. La France n'est pas le Japon…

Renault n'est pas un cas isolé. Lorsque nous démarrons l'élaboration d'une stratégie de réputation d'entreprise, nous commençons toujours avec mes équipes par interviewer les dirigeants sur leur vision et nous leur posons invariablement la même question : « À trois, cinq ans, si on laisse de côté toutes considérations financières et business, de quoi voulez-vous être fier en tant qu'employeur ? » ; dans neuf cas sur dix, nous n'avons comme réponse qu'un grand blanc. Cette question n'entre pas dans leur schéma de pensée ! C'est souvent un moment de vérité. De même, au fil des tables rondes – chez Moons'Factory, nous en animons

---

6. Au printemps 2011, Renault licencie trois cadres supérieurs qu'il accuse d'espionnage industriel à son détriment, sur son projet de voiture électrique. Des accusations qui se révéleront plus tard infondées et qui coûteront son poste de directeur général à Patrick Pélata.

150 à 200 par an, tous secteurs et tous profils confondus – la complainte des salariés est la même : « On ne sait pas où l'on va, je ne suis qu'un numéro, je ne sais pas à quoi je sers. » Dans un environnement piloté par le court terme, l'humain n'est pas la priorité.

Depuis vingt ans, les bonus des dirigeants sont indexés sur des objectifs quantitatifs de court terme, dont fait partie l'optimisation de la masse salariale. Toute la chaîne de management est entièrement gangrenée par cette structure et le restera tant que des objectifs qualitatifs et de long terme ne viendront pas les contrebalancer. Remettre de l'humain dans la performance passera par la refonte des rémunérations des dirigeants au profit de critères qualitatifs de management.

LE VRAI SENS DU « R » DE RH

Le terme directeur des ressources humaines n'est d'ailleurs pas choisi au hasard : il gère une ressource qui, comme toute ressource, se consomme et disparaît. Il serait préférable de créer de véritables directions des *relations* humaines. L'entreprise est un tissu relationnel. Les jeunes générations attendent de la proximité, de l'exemplarité, de la transmission. Elles veulent des leaders « aspirationnels », qui entraînent, qui motivent. Pas étonnant que cette fonction soit aussi en berne et crainte. Le mal-être ambiant est aussi son échec.

Les managers ouverts, humains et respectueux restent à inventer. Ils devront donner une nouvelle signification au mot management, devenir des entraîneurs d'équipes. Des organisations matricielles au culte de l'exécution, on est arrivé au bout d'un système désincarné. Quand on mesure la valeur ajoutée d'un individu à sa capacité d'exécution, on finit par s'exécuter soi-même ! La créativité est, elle aussi, un défi pour l'entreprise.

Le vrai défi est de placer le manager devant le miroir de ses convictions humaines ; son rôle de manager ne doit pas être un contre-rôle de son identité propre ! Et pourtant, combien de managers témoignent de lâcheté, d'arrogance, de peur, de violence, d'agressivité alors même que dans leur intimité ils sont étrangers à ces dérives. Cette pression comportementale alimente les cabinets de psys, fait exploser le *burn out* et pire. Cesser d'être soi-même est la chose la plus détestable qui puisse arriver à un individu. L'entreprise est trop souvent le terrain de l'abandon de l'éthique et de la morale personnelle. Un drame.

Malgré cela, je reste optimiste. Car les nouvelles générations appelleront de nouveaux leaders. Si elles restent fidèles à leurs valeurs de transparence, de reconnaissance, de solidarité et d'accessibilité, ces nouvelles générations n'accepteront pas d'étouffer dans l'entreprise. Les mutants, souvenez-vous, sont des entrepreneurs dans l'âme.

Le nouveau rôle éducatif des cadres

À l'inverse, les nouveaux managers, plus généreux, plus proches, devront se garder de toute démagogie. L'entreprise et ses cadres devront jouer un rôle éducatif, comme jamais ils ne l'avaient assumé. Il ne s'agit pas de formation technique mais bel et bien d'éducation au vivre ensemble. Il ne s'agit plus d'afficher ses valeurs mais de réhabiliter les droits *et* devoirs de chacun.

Le message passera probablement par une plus grande solennité apportée aux étapes de la vie du salarié en entreprise, par l'institution de nouveaux rites. La signature du contrat de travail sera le premier. Elle revenait presque, autrefois, à prêter serment. Aujourd'hui c'est devenu une simple formalité administrative, c'est tout juste si l'on n'envoie pas le contrat à signer par la poste !

DU CONTRAT DE TRAVAIL AU CONTRAT MORAL

Comme les salariés sont en vitrine permanente sur le marché de l'emploi, *via* les réseaux sociaux (Linkedin, Viadeo, etc.), il est devenu nécessaire de redéfinir le contenu du contrat comme manifestation de l'engagement de loyauté réciproque entre l'entreprise et son collaborateur. Cette remise à plat doit se faire, non de manière universelle, mais entreprise par entreprise, afin d'être adaptée aux besoins de chacune d'entre elles.

Je suggère même que l'on aille plus loin en distinguant, d'une part, le contrat de travail, support juridique de la relation employeur-employé, et, d'autre part, un « contrat moral » qui serait signé en parallèle. Car le cerveau gauche, celui de la raison, n'est pas le seul concerné. L'émotion, le cerveau droit, a aussi droit de cité.

L'engagement moral n'est pas un gros mot. La nouvelle recrue doit s'engager, en toute connaissance des croyances, valeurs, principes qui régissent la vie collective de l'entreprise. Si elle n'y adhère pas, mieux vaut lui faire comprendre qu'elle n'est pas faite pour l'entreprise. Il est préférable de se tromper avant de signer plutôt que de devoir rectifier *a posteriori* une situation devenue conflictuelle.

Cette notion d'engagement moral pose des questions juridiques et risque de créer des problèmes potentiels avec les partenaires sociaux. Tout le cadre juridico-social français est orienté vers la protection du salarié. On a poussé la logique à un tel degré qu'on pourrait penser que le salarié peut tout se permettre ou presque. Face à une génération qui a tendance à croire, justement, que tout lui est permis, il y a urgence à opérer un rééquilibrage.

Le défi éducatif est énorme. L'entreprise est l'un des derniers lieux structurés dans le « *monde liquide* » qui est le nôtre[7]. Sa structuration est toutefois menacée par la génération montante. Si l'on passe d'une structure pyramidale autoritaire à un monde complètement ouvert et sans règles du jeu, on court à l'anarchie. La révolution humaine en marche conduit à inventer une nouvelle organisation. De nouvelles règles de bien-être collectif doivent être mises en œuvre.

L'intégration du nouveau salarié, une étape cruciale

Après la signature du contrat, l'intégration est une autre étape qui gagnerait à être ritualisée. Dans la majorité des cas, elle est bâclée. Dans les entreprises les mieux organisées, elle relève de l'application de techniques – séminaires, process… – sans aller jusqu'à l'acculturation.

Or le bien le plus précieux que l'entreprise puisse transmettre, c'est sa culture. Donner au nouvel arrivant le temps de s'en imprégner, par des rencontres avec ses nouveaux collègues, des échanges et du partage est essentiel. Et ce temps n'est pas, contrairement à ce que l'on pourrait croire, du temps perdu mais un temps « sacré ».

On accueille un nouvel équipier, il faut lui donner tous les moyens de comprendre le sens de l'action collective. Et s'assurer ensuite qu'il y adhère, en validant ses acquis culturels. Il s'agit aussi d'éviter que, faute d'un rite d'intégration bien pensé ou bien appliqué, celle-ci se fasse par défaut, en laissant les habitudes des anciens déteindre sur le « nouveau » et en anesthésiant inéluctablement son potentiel d'innovation.

---

7. Le sociologue Zygmunt Bauman, dans son livre *L'Identité* (Éd. de l'Herne, Paris, 2010), définit le monde contemporain comme empreint d'une « modernité liquide » où les identités sont multiples et évolutives. L'homme y est par définition sans attache, défend farouchement sa liberté tout en étant sans cesse en quête de sens et de sécurité.

Il ne s'agit pas de neutraliser le « regard neuf » du nouvel arrivant, au contraire.

L'accueil est le moment de respecter les promesses du recrutement, d'investir le nouveau d'un supplément d'âme, celui de l'entreprise. C'est ce que je qualifie de « remise du maillot » ; cadre ou non cadre, l'intégration est un adoubement. À force de la banaliser, les salariés deviennent comme leurs dirigeants, interchangeables et anonymes… Combien d'entreprises pratiquent l'intégration dite de la piscine « on le jette à l'eau et on voit s'il sait nager » ? Lamentable.

Sortir de la corvée des entretiens annuels

Parmi les rites les mieux ancrés en gestion des ressources humaines, les entretiens de développement professionnel (EDP) annuels, auraient eux aussi besoin d'être remis à plat. Ils sont devenus une corvée bureaucratique pour le manager, rarement décisionnaire sur les questions de carrière, et un grand moment de frustration pour le salarié, qui apprend à l'usage à ne pas trop en attendre.

On y pratique l'évaluation administrative de la performance selon des critères plus ou moins bien définis, au lieu d'en faire un moment privilégié de bilan et de projection… Une ritualisation bien conçue pourrait épargner l'écueil de la banalisation à ces entretiens.

Les EDP devraient être un moment sacré de reconquête du temps et d'échange entre le salarié et son supérieur hiérarchique. L'entretien annuel doit être un entretien « bilan et perspectives » complémentaire de rencontres plus fréquentes, au cours de l'année, où l'on parle du quotidien. Il faut réinventer la proximité managériale.

Certaines entreprises vont plus loin, à l'exemple du cabinet d'audit et de conseil Mazars, qui dans un univers très anglo-saxon aseptisé fait de l'humain sa marque de fabrique, son ADN : chaque salarié, en plus de son manager direct, se voit doté d'un tuteur non hiérarchique, une sorte de coach « maison » qui l'accompagne. Pas étonnant que sa signature soit « *human partner* » ; dans 69 pays l'esprit Mazars vibre tout simplement parce que c'est la priorité absolue des managers.

Donner du temps aux hommes et aux femmes que l'on « anime », *via* ces entretiens annuels, est le modèle que les patrons doivent eux-mêmes proposer dans une relation directe et régulière avec leurs troupes. Le numérique, nous l'avons vu, le permet. Jean-Pierre Petit, le président de McDonald's France, organise tous les trois ou quatre mois un tchat avec ses collaborateurs. Idem pour Dominique Giraudier, le patron du groupe Flo, déjà cité ; Jean-Claude Delmas, le directeur des ressources humaines de Géant Casino et Casino Supermarchés, a été le premier dirigeant de France à ouvrir un blog, il y a dix ans. Les rencontres peuvent être plus institutionnalisées, au cas par cas.

À un moment où la fonction suprême est désacralisée, il faut la resacraliser par un surcroît de proximité. Rappeler qu'il n'y a qu'un seul patron dans l'entreprise, non pas avec les rites de protection et d'isolement d'antan – ils ne marchent plus –, mais avec des rites d'ouverture. La fluidité, la capacité à créer les conditions du partage, la transversalité, aussi surprenant que cela puisse paraître à certains, sont des postulats au respect de l'autorité. Plus les patrons indiqueront la voie de l'écoute et de la proximité, plus leur encadrement sera incité faire de même.

LES CONTRAINTES DES NOUVEAUX PATRONS

Par définition, un vrai leader est un leader accessible. Beaucoup de dirigeants l'oublient et se déplacent au milieu de leurs troupes sans avoir vraiment conscience qu'ils doivent endosser ce statut de leader, au sens sportif ou militaire : tous les éléments qui créent la confiance entre le soldat du rang et son capitaine, entre l'athlète et son entraîneur…

Si le chef d'équipe ne se donne pas à partager, aucun message ne passera, même avec le dispositif de communication le plus savant. Vingt ans de communication institutionnelle ont généré des comportements de distance entre l'émetteur et les récepteurs, entre l'entreprise et les individus.

Halte à la communication autiste !

Cette communication *corporate*, ressources humaines ou développement durable a en effet un défaut devenu trop voyant : comme la lessive de la publicité raillée par les humoristes, elle lave trop blanc. Elle n'a de cesse que de démontrer que l'entreprise est un monde d'excellence. Ce « formidabilisme » ne fait plus recette. L'entreprise qui reconnaît qu'elle a encore des progrès à faire est beaucoup plus audible pour l'opinion que celle qui prétend être parfaite.

La communication pour la communication n'a plus lieu d'être. Dans ce domaine, l'entreprise – c'est-à-dire essentiellement ses dirigeants – est confrontée à l'énorme défi de l'humilité. Plus question de maîtriser sa réputation en usant de vecteurs à sens unique : un message, une cible, un budget. L'entreprise est devenue un sujet de conversation. Corollaire, ma réputation dépend de ma capacité à gérer, non pas mon image, mais une conversation. L'entreprise est un émetteur de contenu.

Que ce soit dans la vie publique ou la sphère des sociétés privées, l'opinion attend des preuves d'engagement : « Nous avons des progrès à faire sur telle question, voilà comment nous allons nous améliorer, nous excellons sur telle autre, voici pourquoi » ; « nous croyons en telle ou telle valeur, tout le monde ne la partage pas, mais nous assumons notre exclusivité. » Tel doit être le discours de l'entreprise. Communiquer à tout-va conduit à servir la même petite musique que les autres à tout le monde. Il faut être capable d'en sortir.

L'économie de marché étouffe le lien social ; la grande entreprise a généré un mode de management monstrueux soumis au diktat de l'hyperproductivité à court terme. Elle se heurte aujourd'hui au défi du partage collaboratif.

Cinq chantiers révolutionnaires

La révolution humaine en marche, portée par les réseaux sociaux, va imposer cinq grands chantiers aux entreprises : le devoir moral d'insertion des jeunes, réinventer le leadership, gérer leur réputation et développer une Marque Employeur pilier de son identité *corporate*, inventer un nouveau communautarisme.

Le devoir moral d'insertion des jeunes

Ces dernières années, le *green business* dans la mouvance du développement durable a su imposer une responsabilité environnementale dans l'écosystème sociétal des entreprises ; le « je pollue moins, je respecte la planète » fait partie des items de respectabilité reconnus par les sacro-saints marchés financiers. En soi, ce progrès est louable, même si souvent il faut distinguer conviction et communication. Il est dès lors légitime de s'interroger en retour sur la non-responsabilité « écologique » des entreprises sur le front de l'emploi et en particulier des jeunes. Chaque entreprise ne devrait-elle pas inscrire au fronton de sa responsabilité sociétale un engagement formel et vérifiable d'intégration de jeunes débutants ? Cet engagement pouvant être proportionnel à son nombre de salariés, à son chiffre d'affaires ou autre. Avec plus de trois millions d'entreprises en France, le potentiel est en soi énorme, mais les freins à l'embauche le sont aussi et relèvent souvent de logiques dépassées.

Les dispositifs actuels d'aide à l'embauche sont utiles mais insuffisants, c'est un fait. Les emplois d'avenir sont un bien sur le court terme. Aller plus loin dans l'exonération totale de charges, réfléchir à des moyens de quotas durables, accélérer les partenariats économiques avec les universités (oui, les entreprises vont contribuer à l'avenir des universités…), développer les contrats multiemployeurs sur des bassins économiques fragiles… Les pistes ne manquent pas pour se mobiliser sur ce devoir moral d'insertion des jeunes. Ni de droite, ni de gauche, ni du patronat, ni des syndicats, ce sujet est une cause nationale majeure où l'intelligence du cœur doit primer sur celle des dogmes économiques et des corporatismes.

La précarité d'accès au marché de l'emploi (stages à répétition, CDD, intérim, Pôle emploi…) fabrique de futurs adultes, managers ou pas, qui porteront en bandoulière une méfiance chronique quant à l'entreprise et ses beaux discours RH ; quand on pense qu'à peine 30 % des diplômés de 2009 avaient décroché un job fin juillet 2010 et que ceux de 2012 en prennent pour dix-huit à trente-six mois d'attente avant espérer se stabiliser… Une armée de cerveaux sur le bas-côté de la route. Comment peut-on espérer qu'ils comprennent et acceptent la légitimité de la situation ? Impensable !

Crise/reprise est notre lot quotidien, c'est un fait. Mais plutôt que d'adopter des politiques de *stop and go*, en matière de recrutement d'un public fragile car non expérimenté, faisons de l'insertion des jeunes un devoir moral au cœur de nos concepts républicains.

Certains vont me répondre « angélisme », répétant que l'entreprise n'est pas un bureau de placement et qu'elle est là pour délivrer du résultat. Ceux-là sont les fossoyeurs de l'avenir, les inconscients du futur ; arc-boutés sur leurs intérêts à court terme, ils font des générations futures leur première variable d'ajustement.

Cette lâcheté est comme toutes les lâchetés : déplorable ; cet égoïsme ne peut que se retourner contre eux.

Si les jeunes sont l'avenir des entreprises et d'un pays, prouvons-le vraiment et qu'au-delà des aléas de la météo économique, elles continuent à les embaucher. C'est là que l'on verra leur réelle responsabilité. Leur morale aussi. De plus, elles en tireront un vrai bénéfice de la part de ces jeunes qui sauront, en raison de leur engagement, leur être reconnaissants. À l'heure où l'on parle de plus en plus d'engagement et de motivation des salariés, leur confiance ne se décrète pas, elle se mérite. Cette mobilisation est un investissement sur l'avenir du capital humain de demain. Le ROI en est garanti dès lors que l'engagement est fort et sincère. La bascule démographique déséquilibre les rapports de force ; il y a urgence à agir.

Les marques ont conquis une morale écolo-nombrilo-sociétale, auront-elles le courage d'assumer une morale par rapport à l'emploi des jeunes ?

Réinventer le leadership

Il revient à repenser l'entreprise en communauté de vie. Comment « moi, patron », puis-je rendre mes équipes fières de « porter le maillot » de leur entreprise ? Comment transformer mes collaborateurs en véritables militants de mon projet ? Mieux que ça, comment les convaincre d'enrichir ce même projet ? Seuls de nouveaux dirigeants peuvent l'accomplir. La coentreprise que nous avons évoquée précédemment est une notion qui part des PME et qui progressivement va s'imposer aux grandes entreprises obligées de réhumaniser leurs organisations en travaillant sur la taille des équipes, sur la gestion du temps, sur la valorisation des rémunérations individualisées *via* le recours au variable lié à la contribution qualitative et non exclusivement quantitative…

Tout le talent des leaders nouvelle génération des prochaines années viendra de leur capacité à créer, à animer, à susciter et à développer une intelligence collective transversale.

Reprenons la comparaison entre Casino et Carrefour. La direction de Carrefour a conçu son nouveau modèle d'hypermarché, Planet, dans son coin ; cela a fait un flop. Casino intègre le projet hypermarché 2013 dans une démarche collaborative, ça marche. Dans un cas, l'ex-DRH parlait des gens en matière de ratios, dans l'autre son homologue haranguait ses dirigeants sur leur amour des troupes… Dans un cas un dinosaure, dans l'autre un leader de la fonction.

Les dirigeants modernes sont plus ouverts et doivent faire preuve de plus d'humilité que leurs prédécesseurs. Dans un monde *open*, les organisations qui ne permettront pas aux talents de s'exprimer, aux bonnes pratiques de circuler n'atteindront qu'une partie de leur potentiel. Celles qui libéreront les énergies atteindront le maximum. Et la réputation de chacune en dépendra[8].

La réputation de l'entreprise

Elle est un chantier fondamental. On a vu qu'il n'est plus question d'image, mais de conversation. L'enjeu n'est plus que l'on parle de mon entreprise mais qu'on en parle en bien. Aux frontières de la justification des messages, de la collaboration et du lobbying, la communication de l'entreprise impose désormais à cette dernière d'être un émetteur d'opinion parmi d'autres. Mais la notion de réputation impose une logique de preuves permanentes dans les faits ; elle va privilégier une parole plus rare mais plus convaincante, plus personnalisée. Quel que soit le sujet, il faudra montrer patte blanche ! La dimension employeur est la connexion par excellence entre la marque et ses publics ; c'est elle qui cautionne tous les engagements de l'entreprise, rappelant une vérité : ce sont les femmes et les hommes qui font l'entreprise et non des

---

8. Sur ce sujet, je vous conseille la lecture d'un livre auquel j'ai modestement contribué sous la direction de Philippe Wattier, fondateur du Cercle du leadership, *Les sept clés du leadership*, éditions L'Archipel, Paris, 2010.

concepts de marketing ou encore des tableaux de bord. En ce sens, la marque traitée sous l'angle employeur, la fameuse Marque Employeur, devient l'axe central de la réputation. Faisons un point, ami lecteur sur ce concept qui a fait de ma vie professionnelle un vrai militantisme et qui aujourd'hui donne naissance au *corporate* humain.

Développer une Marque Employeur

La Marque Employeur est par essence la valeur morale de l'entreprise et de sa réputation.

2011 fut une année historique pour le concept de Marque Employeur que j'avais créé et déposé en 1998 – à l'époque je dirigeais un cabinet au sein de Publicis, Guillaume Tell – et ce pour deux raisons : 1) toutes les entreprises ont fait leur ce concept et l'on voit de plus en plus fleurir des postes de responsable de Marque Employeur, une vraie reconnaissance, même si souvent cela sonne creux ; 2) les communicants d'entreprise ont tous compris l'intérêt à investir dans ce concept et à mettre l'humain en avant ; c'est ainsi que de grandes campagnes « humanistes » ont vu le jour ayant toutes en commun de peindre « un monde de bisounours » où la solidarité et l'engagement sont les vedettes. La plupart du temps, ces campagnes aux budgets colossaux sont le fruit des directions de la communication, rarement des DRH, et ça se voit : trop propres, trop lisses, trop idéales… pas assez justes, pas assez réalistes, pas assez vraies.

Verre à moitié vide, à moitié plein… Une idée qui avance est forcément une grande idée ; encore faut-il qu'elle porte de grands desseins. Et le pro-blème, tout comme l'opportunité, est là : quelle entreprise porte un vrai grand dessein humain ? Quel dirigeant, quel DRH est suffisamment idéa-liste ou courageux pour imaginer un monde autrement ? Il en existe, mais trop peu ! Heureusement, la légitimité désormais acquise de la Marque Employeur ouvre une nouvelle ère en écho à la nouvelle humanité réuni-fiée et connectée du 2.0 développée précédemment et qui accouche dans la douleur de nouveaux repères. La fonction RH ne peut plus être cantonnée aux artifices de la culture d'entreprise, la distrayant de l'omnipotence du juridico-social qui la caractérise depuis trente ans ; elle doit en devenir la garante vis-à-vis de l'histoire comme du futur. Il ne s'agit pas de trouver de nouvelles façons de promouvoir de vieux messages.

Chaque entreprise ne peut plus se contenter de se décrire ou de promettre ; sa parole est devenue inaudible. Elle doit inventer un contenu qui apporte de la valeur humaine à chacun : salarié, candidat, client aussi. Dans un monde où la défiance règne, l'enjeu est moins la communication que la réputation morale. Face aux *digital natives*, au courant de tout, en temps réel, *être pris en défaut de probité et de transparence est en passe de devenir un danger permanent pour chaque entreprise*. Retour de l'éthique, de la morale, de la loyauté ou un peu de tout cela en même temps ?

Un concept identitaire qui s'incarne dans une fonction est par essence un concept instrumentalisé qui dédouane les vrais acteurs d'une réelle implication. Je n'ai de cesse de rappeler aux entreprises que nous conseillons que la Marque Employeur n'est que la marque traitée sous l'angle employeur, c'est-à-dire du *vivre ensemble humain* de l'entreprise.

Cette évidence va devenir dans les prochaines années un défi sociétal à nul autre pareil dans la nouvelle économie qui s'invente sous nos yeux : être un employeur responsable et engagé, ne limitant pas sa masse salariale à la principale variable d'ajustement de son compte d'exploitation, mais en en faisant un actif d'avenir, quitte parfois à remettre en cause les ratios des traders, sera un élément clé de reconnaissance au même titre que la qualité des produits ou des services proposés.

Ce défi est celui de la valeur morale de l'entreprise : il revisite les modèles de management, dimensionne passé/présent/futur, réinvente de nouveaux rites initiatiques dans l'entreprise… Au propre comme au figuré, il fait de l'entreprise un lieu de culture. Plus celle-ci est forte, plus elle sait se régénérer pour s'adapter et par là créer de la confiance entre les parties prenantes. Définitivement, au risque d'en choquer plus d'un, la valeur morale de l'entreprise n'est pas une question de com ! C'est un actif hautement stratégique, symbole de l'aventure humaine que sont censées incarner l'entreprise et l'exemplarité de ses dirigeants.

Le troisième chantier découle des deux premiers. Comment mesurer la performance d'une entreprise moins dirigiste, plus ouverte, moins verticale, plus transversale, moins cloisonnée, plus collaborative ? *Les langues mortes du management d'hier sont à oublier au profit d'un espéranto à inventer.* Ce défi dessinera le leadership de demain. Les courtes vues, les cyniques et autres égocentriques sont condamnés à diriger des armées de fantômes, mues par des questions de survivance ; les vrais leaders seront parfaitement équilibrés cerveau gauche/cerveau droit ; ils parleront de passion, d'ambition, de partage ; ils feront rêver en étant au milieu de leurs troupes. Plus personne n'est dupe des belles publicités sur papier glacé ; nous entrons dans une époque où dirigeants et entreprises ne pourront plus se contenter de beaux discours sur l'humain, mais devront apporter des preuves de leur engagement à l'opinion publique. Quelle place pour les DRH dans ce nouveau monde ? Après s'être inféodés aux directions financières, le seront-ils aux directions marketing ou décideront-ils d'être les architectes de ce nouveau monde ? La création de confiance est leur valeur ajoutée. À eux de décider… Avec la bénédiction de leurs patrons et actionnaires qui ont tout à y gagner.

Inventer un nouveau communautarisme

Un communautarisme d'entreprise reste à inventer, différent de celui qui avait cours il y a cent cinquante ans, le paternalisme. Le patron avait alors une autorité un peu divine, il lui revenait d'élever l'individu. Les luttes ouvrières, la production et la consommation de masse, l'essor des classes moyennes et l'individualisme ont eu raison de cette conception. Les années 1960 ont fait éclore des revendications de liberté qui sont aujourd'hui réalité : grâce aux nouvelles technologies, la liberté d'expression est presque sans limites. Il suffit de voir la place occupée par Twitter, devenu en moins de deux ans, une véritable hygiène de vie pour un certain public ! Mais le communautarisme d'entreprise passe par la culture du maillot sur laquelle je reviendrai plus loin. Ainsi, quatre idées doivent être retenues pour bâtir ce communautarisme d'entreprise :

1. avoir une gouvernance qui habite sa parole et dont le territoire est le rêve et l'ambition ;

2. faire du management intermédiaire le garant de la culture, son territoire est la transmission ;

3. faire des salariés les militants du projet de l'entreprise, leur territoire est la fierté d'être ;

4. créer de l'envie de la marque par le bonheur qu'elle crée.

L'entreprise est un corpus vivant ; elle doit être réhabilitée comme lieu et espace de réalisation et de plaisir.

Les quatre défis que nous avons décrits ont un seul et unique juge de paix, l'opinion publique. Une complète nouveauté pour les entreprises, habituées à avoir des publics fragmentés – clients, salariés, candidats, actionnaires… – aux centres d'intérêt strictement délimités !

Les plus grandes sont logiquement les plus exposées. Plus une entreprise sera importante, plus elle devra avoir une bonne réputation, notamment sur les items sociétaux – environnement, social, éducation, santé, solidarité intergénérationnelle…

Le retour des sciences humaines

Le leadership de demain devra donc accorder une large place aux relations humaines. Ce qui est un complet renversement de tendance. Le directeur des ressources humaines est sous le joug de la direction financière. Les futurs directeurs des *relations* humaines feront partie des leaders d'opinion de l'entreprise de demain, et s'ils n'en deviennent pas les dirigeants, ils en seront très certainement les ambassadeurs. Les sciences humaines – sociologie, psychologie, anthropologie, etc. – passées aux oubliettes, referont leur apparition dans le monde du travail.

N'ayons pas peur des mots, il y a une spiritualité d'entreprise à inventer. Les chefs d'entreprise sont garants du sens de l'action collective de celle-ci. S'ils esquivent ce rôle, comme le font beaucoup de patrons salariés interchangeables de grands groupes, leurs collaborateurs chercheront ailleurs un sens à leur vie. S'ils assument clairement, de manière sélective, les droits et devoirs, la nature de l'engagement qu'ils attendent, des rites et croyances se créeront qui en seront le reflet.

Il ne s'agit pas de manipulation psychologique car les patrons ne sont pas des gourous. Mais la réalité de l'entreprise est une réalité guerrière : elle est en compétition permanente pour développer ses parts de marché et pérenniser son activité dans un univers de concurrence. Sans partage de valeurs, de croyances et de rites, incarnés par le leader de l'entreprise, la bataille sera perdue. Cette spiritualité d'entreprise que nous aborderons dans un prochain chapitre est une audace à assumer en réponse au vide de sens du quotidien. Le savoir collectif en écho au savoir-être et au savoir-faire. La culture en alternative à l'ignorance de l'action. Le bien collectif en obstacle à la confusion des intérêts. Ambitionner vouloir du sens revient à créer les conditions morales et spirituelles du liant, de l'engagement et de la reconnaissance de l'autre. Replacer l'individu aux côtés de ses frères d'armes, comme disent les militaires, c'est valoriser l'interdépendance des uns et des autres au nom d'une cause partagée : *la marque maillot* pour laquelle on est censé s'engager, se battre, se former, se développer. Elle est le garant du sens.

Je suis depuis toujours surpris que ce sujet de la spiritualité d'entreprise soit gadgétisé par des séminaires sur le sens, ou mieux des interventions (toujours émouvantes) de personnalités religieuses (…), réservés la plupart du temps aux comités de direction. Rarement, pour ainsi dire jamais, ce sujet ébranle l'ensemble de l'entreprise ; solliciter les salariés sur le sens, les nourrir de l'ADN moral de la marque, ouvrir leur vision du quotidien au profit d'une projection existentielle de la marque maillot, vous n'y pensez pas. L'entreprise revendique le sens mais a peur de faire plancher ses troupes sur celui-ci. Le poids de notre culture judéo-chrétienne brandit le blasphème ; le péché de l'argent à l'entreprise, la rédemption à l'église ! Qu'importe si pour exister et se réaliser l'être humain a aussi besoin de se réaliser par et avec son travail. La spiritualité d'entreprise a de l'avenir mais seul l'avenir nous le dira…

Chapitre 6

La marque redevient ADN
et réseau social à part entière

Un devoir de cohérence • Des organisations trop fragmentées • Un vrai budget d'image *corporate* peut-il exister ? • Des comités de direction oublieux de la marque • La Marque Employeur, caution de la marque globale • La marque va devenir son propre réseau social • Le chef d'entreprise, un guide

Du domaine du mercantile les marques vont devenir le marqueur identitaire de l'entreprise humaine. En leur nom, histoire et futur vont s'écrire indépendamment des modes et des dirigeants au profit de la conscience de leur ADN. Loin des discours aseptisés, elles vont progressivement se muer en caution des actes de l'entreprise. Sur le chemin de la confiance, la marque sera le principal point de repère de l'entreprise et de ses parties prenantes.

De nos jours, chaque individu a un rapport privilégié et direct avec ses marques préférées. Les obstacles physiques et temporels pour entrer en contact avec elles – se déplacer en magasin, se renseigner auprès d'un vendeur, se documenter, etc. – ont cédé la place à une accessibilité totale, permanente et même itinérante *via* les smartphones, ordinateurs et autres tablettes.

Par conséquent, l'individu va de plus en plus exiger de la marque une cohérence dans toutes ses expressions. Ce qui aura inévitablement pour effet de remettre en cause soixante ans de théorie et de pratique du marketing, au cours desquels, dans toutes les écoles de commerce et les entreprises, on a perpétué la logique du ciblage des messages et des publics : clients, actionnaires, opinions publiques, ménagères de moins de 50 ans rebaptisées depuis peu « *digital mum* » (« mamans numériques »), les adolescents (forcément « *digital natives* »), les séniors… Et ils varient en fonction des thématiques abordées. On peut ainsi additionner un mode d'expression en communication financière, un autre en communication employeur, eux-mêmes distincts des messages liés à la responsabilité sociale et environnementale, etc. De ce fait, quand on analyse l'existant, on constate que l'image de la plupart des marques ressemble plus à un kaléidoscope identitaire qu'au reflet fidèle et exact de leur image globale. De plus, force est de constater le peu de connaissance par les salariés de « l'âme » de leur marque, si on laisse de côté certaines emblématiques comme Levi's, Harley Davidson, Nike, Google, Apple ou encore Chanel dont les salariés se sentent héritiers de la célèbre Mademoiselle. La marque est rarement un sujet abordé lors de l'intégration des nouveaux, par exemple.

Un devoir de cohérence

La technicité marketing a en effet pris le pas sur la quête et la revendication de sens. La charte graphique en est le meilleur exemple. Toutes les directions de la communication se targuent d'être les garantes de la charte graphique de l'entreprise. Or celle-ci est souvent un leurre. Elle garantit certes une cohérence de forme, technique, mais ne dédouane pas de la nécessité de rester cohérent sur le contenu, sur les valeurs de la marque.

À l'exception de quelques grandes griffes emblématiques, la plupart des marques n'ont plus de sens. C'est-à-dire qu'elles ne sont plus les repères fédérateurs, les garants d'une certaine vision, les étendards d'un style de vie ou d'un lien identitaire. Elles sont devenues les symboles d'un marketing désincarné. À croire qu'il n'y a qu'une agence de pub sur la place pour prendre en charge ce symbole aseptisé du *corporate*.

Rares sont les marques qui habitent la parole de leurs dirigeants. La plupart s'expriment à peu près de la même manière. Ils ont du mal à s'inscrire dans une perspective historique – passé, présent, futur – de leur marque. Les plans stratégiques à trois, cinq ans sont leur boussole ; avant, après, cela n'intéresse personne. On pourrait même s'amuser à transposer le discours des uns dans les entreprises des autres, sans percevoir de différence ! Même constat pour les rapports annuels, tous plus ou moins construits sur le même modèle, avec les mêmes passages obligés sur le développement durable, la RSE, véritable broderie de salon des analyses financières. À l'heure de la volatilité des candidatures, l'interchangeabilité des employeurs heurte le principe même de l'engagement à la marque. Le luxe est l'un des rares secteurs qui fait exception.

Or le numérique, en conférant aux citoyens le don d'ubiquité, remet totalement en question ce qu'on peut lire et écrire sur les marques. Toute la littérature marketing est à réévaluer à l'aune d'un seul juge de paix, la cohérence, fondement de la crédibilité du discours de la marque.

Quelques chiffres :

- 90 % des internautes lisent les avis des internautes, 93 % les jugent utiles et 86 % leur font confiance (Olineo, 2011) ;

- 67 % déclarent qu'Internet a profondément changé la manière de s'informer sur les entreprises, 44 % aiment utiliser Internet pour tenter de peser sur le comportement des entreprises, 41 % se servent des réseaux sociaux dans un cadre professionnel pour communiquer avec leurs collègues (id.) ;

▪ 53 % des internautes français présents sur les réseaux sociaux ont des interactivités sociales avec les marques, 48 % les scrutent pour connaître les valeurs des entreprises (Yahoo et Advalue, 2011) ;

▪ 70 % des salariés estiment de leur devoir de critiquer sur les réseaux sociaux les mauvaises pratiques de leur employeur, quitte à nuire à son image (Congrès HR 2012).

DES ORGANISATIONS TROP FRAGMENTÉES

Mais cette quête de cohérence pose un problème majeur d'organisation. En effet, le mille-feuille identitaire de la marque est l'écho d'une fragmentation organisationnelle de l'entreprise. Communication financière, de recrutement, interne, sociale, publicitaire… chacune a son responsable, son service qui travaille dans son coin avec ses partenaires attitrés. Au final, chacun contribue plus ou moins involontairement à la cacophonie générale. La communication est une expression de son existence ; le « je communique, donc je suis » est encore très présent dans les entreprises.

L'organigramme et les arbitrages qui vont de pair créent une logique pernicieuse de détournement du sens et des enjeux au profit d'objectifs toujours trop ciblés, toujours trop étroits. Voici un exemple, ami lecteur, pour que vous compreniez bien d'où l'on part.

Vous en conviendrez, il n'y a pas un dirigeant qui ne qualifie ses équipes de première richesse de son entreprise ; en même temps, il est extrêmement rare de voir un directeur général s'impliquer personnellement dans la stratégie de Marque Employeur. Plus l'entreprise est importante plus ce point se vérifie : l'accès au leader est incroyablement compliqué, alors que nous sommes censés parler de ce que l'entreprise a de plus important ! Pire, la plupart des briefs sur le sujet est entre les mains – sans que ce soit péjoratif – des N–2 ou –3, voire parfois des stagiaires.

Le plus incroyable est le manque d'implication des DRH eux-mêmes dans l'élaboration de leur Marque Employeur ; ils se posent la plupart du temps en arbitre d'un produit créatif, mais rarement en bâtisseur de la stratégie. Ce constat vaut, ami lecteur, pour 80 % des cas : on n'ose pas déranger les chefs ! Heureusement, il reste les 20 % qui ouvrent la voie, inventent, créent, s'impliquent.

Un vrai budget d'image *corporate* peut-il exister ?

Rares sont les exemples de partage et de mutualisation, y compris budgétaire. La plupart des entreprises ont fait fondre, comme neige au soleil, par exemple leurs budgets de communication RH ces dix dernières années alors même qu'elles ont d'importants défis à relever en matière de culture, d'attractivité et de fidélisation. Voilà qui en dit long sur l'importance accordée à la RH !

Il y a longtemps, Marcel Bleustein-Blanchet, le fondateur de Publicis, me glissa : « Dans une entreprise, tu n'existes qu'à la hauteur de ton budget… » À un moment où la fragilité de l'humain réclame de l'investissement « temps » et économique pour traiter en profondeur les maux existentiels, mais aussi pour renforcer la crédibilité de la parole employeur, il y a urgence à dégager de vrais investissements pour exprimer l'ambition employeur de l'entreprise. Malheureusement, c'est tout l'inverse qui se produit ! Pire, comme le mot d'ordre est partout le même depuis dix ans – faire des économies –, les amputations successives de budgets font qu'aujourd'hui les DRH n'ont pour ainsi dire plus de budget en dehors d'enjeux de recrutement ou de communication interne de base. En vingt-cinq ans, les budgets ont été divisés par 12 ! Comment dès lors rayonner sans budget ?

Mais revenons à notre sujet qui voudrait que le bon sens d'une « gestion de père de famille » fasse des arbitrages d'un budget sur un autre, sans dépenser un euro de plus. Faisant de la réputation employeur l'axe central de la réputation *corporate* de l'entreprise, nous interpellons régulièrement les dirigeants pour affecter ne serait-ce que 5 % d'un budget publicitaire à leur réputation employeur. 5 % de plus ou de moins dans un budget de marketing ne changent pas la face du monde en matière de conquête de clients ou de parts de marché alors que cela pourrait tout changer sur le plan du rayonnement RH de l'entreprise, de la fierté des salariés et de la vision de l'opinion publique. Cette proposition relève de l'intérêt collectif, de la marque aussi, et se pose donc en évidence. Au chef de décider et d'arbitrer. Personne ne prend la décision. Tout le monde est aux abonnés absents. À chacun de défendre son pré carré et ses petits sous…

La faute à qui ? Au directeur général qui n'ose pas arbitrer ? Au directeur financier qui, une fois les budgets validés, a une sainte horreur de cautionner les moindres changements dans un dogmatisme « ayatollesque » ? Au DRH qui aurait perdu de son influence ? Au marketing surpuissant ? Ou tout simplement à un système kafkaïen égocentrique où chacun se reconnaîtra ? Pour être à la hauteur de leur parole, les directions générales seraient inspirées de doter leur DRH du budget qui lui permettrait de protéger la marque *via* une posture employeur de qualité.

Des comités de direction oublieux de la marque

Cette réalité est cautionnée involontairement par les états-majors qui, pour plupart, ont oublié l'essentiel : c'est le comité de direction qui doit être le gardien de la plate-forme de la marque. D'expérience, j'ai pu observer que dans un « Codir », en règle générale, quatre membres sur cinq ne connaissent pas celle-ci. Pire, non seulement ils l'ignorent, mais de surcroît ils ne s'y intéressent absolument pas, dès lors qu'à leurs yeux c'est l'affaire des spécialistes du marketing ! La marque pour les marketers et les gens de communication, l'humain pour les RH et ainsi de suite.

Pour bâtir une stratégie de réputation d'entreprise, notre seul point de départ est, aux côtés de la vision des dirigeants, la plate-forme de marque de l'entreprise, son ADN. C'est en effet elle qui fixe le cap, formule les promesses, les engagements. Elle est philosophie et posture. Je pars du principe que ce n'est pas à des consultants de définir le sens de l'entreprise, mais à celle-ci de mener un travail introspectif pour extraire la force qui guidera ses troupes. Cette force, c'est encore une fois l'âme de la marque. Concrètement, la plupart des membres d'un comité de direction élaborent des stratégies financières, RH, commerciales (…) sans partir de la marque. Ahurissant. La marque n'est pas la feuille de route. Résultat, on campe dans de la technicité, *via* des dirigeants qui ne sont pas unis par ce supplément d'âme qui les distinguera de leurs homologues d'autres entreprises : la culture du maillot. Pas étonnant donc que la cacophonie soit la norme en cascade et génère un manque d'adhésion source de défiance au quotidien.

Or tout sujet identitaire, quand il n'est plus l'affaire des organes de direction, s'instrumentalise. C'est ce qui fait que beaucoup de marques sont devenues rien de plus que des emblèmes commerciaux. Elles entretiennent une relation d'affaires avec leurs consommateurs ou clients, mais ne sont que très rarement des symboles fédérateurs pour toutes les parties prenantes à l'activité de l'entreprise.

Il y a un énorme travail à accomplir pour que la marque ne soit pas réduite à un concept publicitaire désincarné à la mode, mais redevienne l'illustration de ses trois dimensions : premièrement, l'ambition de la direction de l'entreprise ; deuxièmement, le projet de cette dernière ; troisièmement, la « culture du maillot » partagée par les salariés, leur fierté professionnelle.

LA MARQUE EMPLOYEUR, CAUTION DE LA MARQUE GLOBALE

En ce sens, la Marque Employeur devient une pièce stratégique. Elle n'est que la marque traitée sous l'angle employeur et rien d'autre ! Ni positionnement nouveau, ni territoire de com spécifique, ni concept à la mode ! La Marque Employeur est bien plus que la technique de communication de recrutement à laquelle on la résume trop souvent. Elle se définit comme « un territoire identitaire et vocationnel, garant de la cohérence entre toutes les expressions employeur de l'entreprise, tant vis-à-vis de ses publics internes qu'externes et ce, au nom de sa performance économique et sociétale. Faire ce que je dis, dire ce que je fais, et le faire savoir sobrement[1] »…

N'importe quel quidam équipé disposant d'un accès internet peut désormais très facilement vérifier auprès des employés que ce que dit la marque est bien vrai. En France, 15 % des salariés admettent prendre la parole sur les réseaux sociaux pour donner leur avis – positif ou négatif – sur leur entreprise, bien qu'ils soient conscients, à 86 %, des risques encourus sur les réseaux sociaux[2].

Et ce n'est très probablement que le début d'un mouvement irréversible, pour les raisons déjà évoquées dans les chapitres précédents, concernant la pénétration des réseaux sociaux à tous les échelons de la société. Et les risques de dérapages ne sont pas négligeables. Trois salariés sur quatre considèrent qu'il est facile de détruire la réputation d'une Marque Employeur sur les médias sociaux[3]. N'importe quel petit film humoristique bien balancé peut y faire boule de neige.

---

1. Didier Pitelet, *La nouvelle parole de l'entreprise : essai sur le marketing social*, Medialivre, 2005.

2. Observatoire Hopscotch Viavoice, janvier 2011, échantillon représentatif de la population salariée.

3. Source : Congrès HR, 5 avril 2011.

Intégrer cette nouvelle donne est un défi historique. Le relever implique de faire de la Marque Employeur l'axe central de l'expression « *corporate* » (institutionnelle) de l'entreprise, comme je l'ai précisé plus haut. Elle est la valeur morale de la marque et le souffle « spirituel » du vivre ensemble. La responsabilité sociale et environnementale, le développement durable en sont les satellites. Mais même appliqués sérieusement, ils restent des concepts, alors que la Marque Employeur traduit la réalité humaine et vivante de l'entreprise, véritable caution des engagements et des promesses de la marque. Le sort des femmes et des hommes de l'entreprise a plus d'importance et de poids dans l'opinion publique que les questions financières. La Marque Employeur n'est donc pas exclusivement un sujet ressources humaines. C'est avant toute chose un sujet de gouvernance.

Pire, lorsqu'elle est réduite à un périmètre RH, elle est naturellement instrumentalisée. Pour preuve, ami lecteur, on n'a jamais autant parlé de Marque Employeur : les responsables de Marque Employeur fleurissent un peu partout, ainsi que des directions *Corporate* Marque Employeur ; mais dans la plupart des cas, il ne s'agit que de communication, de recrutement qui n'ont malheureusement aucune influence prospective sur l'évolution humaine de l'entreprise de demain. Rien ou peu de choses sur la culture, le management, l'accompagnement du changement… Désespérant, alors qu'il ne s'agit en fait que de parler de soi, de ses convictions, de ses ambitions, de ses rêves aussi !

Pourquoi donc autant de politiquement correct alors même que chaque entreprise est unique ? Pourquoi aseptiser une posture RH alors qu'une entreprise, par essence, n'est pas faite pour plaire à tout le monde ? Pourquoi tant de décalage entre le déclaratif et le vécu au quotidien ? Pourquoi enfin un tel grand écart tel entre « la com » et la vraie réputation ?

La réponse est souvent simple : 1) la peur de regarder le miroir en face et d'accepter que la perfection ne soit pas de ce monde ; 2) l'incapacité des dirigeants à assumer leur part d'ambition humaine à cinq ans, « De quoi veux-je être fier en tant qu'employeur à cinq ans ? »

Aujourd'hui l'entreprise a peur d'elle-même ; elle a baissé les bras face à sa dimension existentielle – « je n'existe que par ce que je délivre » –, horrible comme conscience d'elle-même… Cette peur de soi explique en grande partie l'incapacité à mener des travaux introspectifs pour bâtir une véritable stratégie de réputation qui associe passé/présent/futur et candidats/salariés/clients dans un écosystème collaboratif.

Être soi-même est parfois plus laborieux que de commander une campagne de communication et réclame plus de temps pour se faire comprendre, se faire accepter ; soit. Une chose est sûre, c'est la condition pour espérer un jour traverser le miroir.

La marque va devenir son propre réseau social

La marque est dans ce contexte la clé de la mise en relation de toutes les parties prenantes. Même si aujourd'hui la mode est aux usages des réseaux sociaux sur lesquels se développent *pages de fans* et autres actions de communication, je reste convaincu que sa future raison d'être sera de devenir son propre réseau social à part entière.

Toute personne qui aura de près ou de loin quelque intérêt avec la marque devra pouvoir entrer en relation avec d'autres parties prenantes par son intermédiaire. On n'imagine pas encore toutes les conséquences de cette révolution, mais d'ores et déjà quelques exemples permettent d'en imaginer le potentiel, comme celui des réseaux d'anciens (lire encadré) ou encore les pages Facebook des marques. La mise en relation de clients fans de la marque avec ceux qui la produisent est elle aussi possible et encore plus ambitieuse. Aujourd'hui, c'est parfois le cas dans un cadre qui n'est pas balisé par la marque. Demain, la marque organisera elle-même cette mise en contact et pourra rayonner plus fort, devenir une valeur intemporelle. Tôt ou tard la marque prendra son indépendance face aux Facebook et autres carrefours d'audience.

La marque apporte à l'entreprise une dimension existentielle et relationnelle que le lien contractuel ou commercial ne permet pas forcément. C'est pourquoi je crois beaucoup à l'éclosion de réseaux sociaux d'entreprises ouverts sur l'externe qui renforceront le sentiment d'appartenance grâce aux échanges entre salariés. Pour qu'ils se développent, l'entreprise ne devra pas chercher à tout contrôler et devra accepter des échanges indépendants des canaux hiérarchiques traditionnels, plus transversaux.

Exemples : la piste des réseaux d'anciens

Rares sont aujourd'hui les entreprises dont le pouvoir de marque est tel qu'il fédère de véritables réseaux d'anciens. On connaît les Proctériens, les L'Oréaliens, les Xerox, mais on en parle parce qu'ils font exception aux côtés de, peut-être, une cinquantaine de grandes entreprises mondiales. Grâce aux réseaux sociaux, presque n'importe quelle entreprise peut d'ores et déjà organiser ces relations avec ses ex-salariés. Or le fait d'être capable de cultiver un lien positif avec ses anciens, même ceux qui n'ont fait qu'un bref passage dans l'entreprise mais qui l'ont bien vécu, est aussi l'expression d'un capital de marque. « Mes années Mazars », concept de la Marque Employeur de Mazars, cabinet d'audit atypique de 13 000 salariés, illustre bien cette notion de survivance d'expérience, faisant d'une tranche de vie professionnelle réussie un atout durable pour la marque qui fait de ses anciens des ambassadeurs à part entière.

Le chef d'entreprise, un guide

Les risques de dérapages ne doivent pas être exagérés. Les premières expériences de réseaux sociaux internes dans le monde professionnel montrent en effet que celui-ci a tendance à s'autoréguler de lui-même. Avec mon équipe E-Walking, spécialiste des réseaux sociaux et de l'e-réputation, nous avions lancé il y a six ans le premier réseau social d'entreprise pour Cisco France, un succès qui s'est propagé au monde. Les seules vraies règles incontournables sont juridiques ; elles portent sur la non-discrimination, la non-diffamation, etc. Pour le reste, dès lors qu'on forme une équipe, on doit accepter les nuances d'opinion.

Cette révolution humaine ne transformera pas l'entreprise en une démocratie. Telle n'est pas en effet sa vocation. Mais elle transformera à coup sûr le chef d'entreprise en un guide. Un guide qui transmettra à ses « disciples » une sorte de foi, la culture de sa marque, sans se transformer en gourou. Car l'entreprise, sans être une secte, doit encore une fois, ami lecteur, avoir le courage de s'assumer comme une communauté de vies. Ces notions de guide et de disciples vont en irriter plus d'un, j'en ai conscience. Mais si on s'éloigne des amalgames, on se rapproche de l'essentiel : qu'est-ce qu'un chef ? Qu'est-ce qu'un salarié ? Qu'est-ce qu'un projet d'entreprise ? À force de ne plus se poser les bonnes questions, on aboutit à la tartufferie ambiante, une mascarade dans laquelle personne ne se reconnaît.

Dans ma vie professionnelle, j'ai eu la chance d'avoir trois vrais « patrons guides » et je suis fier d'avoir été leur salarié disciple : Jacques Bourmault, DG d'Archat Régie, qui fut le premier à me faire confiance, Alain Champagne, patron de BDDP Corporate, qui eut le courage de me confirmer ma période d'essai alors même que je venais d'avoir, à 23 ans, un accident qui me laissa une IPP de 71 %, et Marcel Bleustein-Blanchet, fondateur de Publicis, qui m'inspira une profonde admiration, bien avant que son groupe ne sombre lui aussi dans l'hyper-financiarisation.

Les guides éclairent les chemins, c'est une chance d'en croiser. Je leur dois le mien en partie, qu'ils en soient ici remerciés.

Chapitre 7

Le prix de la confiance

Un ghetto juridique et social • Les DRH, du *business partner* au *business actor* • Oser la spiritualité d'entreprise • La culture se ritualise comme base même de la confiance • Le capital humain, future valeur montante de la Bourse • Re-responsabiliser le management intermédiaire • Le potentiel de l'e-gouvernance

La marque, nous l'avons vu dans le chapitre précédent, est potentiellement la caution des actes, des postures et des ambitions de celles et de ceux qui la composent. Encore faut-il que chacun, au-delà des titres et des fonctions, se revendique d'elle. La fierté d'être est de loin le meilleur argument pour séduire et fidéliser des clients, des salariés ou des candidats, être crédible aux yeux de l'opinion publique. Décathlon l'a bien compris, qui, après quelques années à avoir laissé de côté l'image de ses vendeurs, l'a remise au centre de sa communication début 2012. Mais la marque incarnée, habitée, portée par les humains qui composent l'entreprise, c'est tout sauf la technique du bouclier humain censé contre-argumenter en période de crise comme ont eu tendance à le faire certaines banques. C'est aussi un enjeu de taille pour les directions de ressources humaines enfermées dans une posture technique qui leur nuit considérablement.

Un ghetto juridique et social

Les directeurs des ressources humaines (revenons un instant sur cette fonction capitale pour l'avenir), en raison de leur formation et la définition de leur poste, sont prisonniers d'un ghetto juridico-social qui les empêche d'avoir une vision prospective du rôle de l'humain dans leur entreprise. J'ai conscience de ne pas être politiquement correct, mais à quelques exceptions près, qui reconnaît à cette fonction cette légitimité ? Toutes les études, y compris de l'Association nationale des DRH (ANDRH), soulignent ce ghetto. Et ce, en dépit des engagements et obligations en matière de gestion prévisionnelle des emplois et des compétences (GPEC). Dans la pratique, la GPEC met en place des processus sans parvenir à générer une culture de l'anticipation.

Autre frein pour les DRH, les organisations classiques ne leur reconnaissent aucune légitimité transversale sous l'angle de la marque ou de la culture d'entreprise. Ce qui est une aberration. Ce sont les hommes et les femmes qui créent la richesse de l'entreprise et non des plans financiers et marketing élaborés en chambre dans le déni des faiseurs opérationnels. Les DRH devraient être des leaders d'opinion internes/externes, garants du capital identitaire de la marque, quitte à bousculer certaines fonctions qui ne se légitiment qu'à travers des résultats quantitatifs.

Un DRH travaille sur le recrutement et la gestion des talents entre autres, c'est-à-dire sur l'avenir de l'entreprise, sur la formation, autrement dit sur le développement des compétences. Il devrait donc avoir comme feuille de route l'adhérence de la politique RH avec les engagements de la marque. Au lieu de cela, il est confiné dans son carcan ou pire, de plus en plus souvent, encapsulé à l'intérieur de la direction financière de l'entreprise.

Rattacher l'humain à la finance ou à un secrétariat général, revient à envoyer le pire des signaux aux salariés en matière de motivation et d'engagement. Ils deviennent une ligne dans un compte d'exploitation ; ce qu'ils sont dans les faits bien sûr, mais là officiellement. Comme si la DRH n'avait qu'une fonction de maîtrise de la masse salariale, comme si elle n'était qu'un centre de coûts. Par ricochet, cela peut être aussi un mauvais symbole pour les clients, car il revient à réduire l'humain à une ressource. Une ressource, cela se consomme et cela disparaît. Aucun être humain ne peut se résigner à être considéré comme une matière première remplaçable… Il y a urgence pour la fonction, mais aussi pour une certaine idée de la place de l'humain dans l'entreprise, d'oser en pilotage RH !

« Dis-moi qui est ton DRH, je te dirai quel président tu fais ! » était le sous-titre de mon premier roman *Au Nom des Autres* paru en 2000 ; formule prémonitoire tant elle fait sens aujourd'hui.

Les DRH, du *business partner* au *business actor*

Les DRH n'en sont pas à leur première mésaventure. La volonté de les intégrer aux directions financières est le dernier avatar d'une propension historique à placer la fonction humaine non pas au cœur, mais à côté du business. Depuis qu'elle a émergé à la fin des années 1970, la DRH n'a en effet cessé de courir après sa raison d'être. La fonction de directeur du personnel, le plus souvent confiée à un ancien officier à la retraite, disparue, la DRH a souffert d'un doute existentiel, d'un manque de reconnaissance de son rôle dans l'entreprise. Longtemps considérée comme une fonction d'exécution, elle a tardé à être intégrée aux comités de direction, où elle n'a obtenu un strapontin que dans les années 2000. Jusqu'à ce qu'arrive d'outre-Atlantique une conception détestable, la DRH comme *business partner* de l'entreprise.

Contrairement à ce qu'on pourrait penser, cette notion de *business partner*, autrement dit de fonction support, n'est pas une promotion pour la DRH, mais un vrai scandale ! Quand on est partenaire en affaires, on n'est pas au cœur du business de l'entreprise mais à côté. On est, certes, au service de l'entreprise mais on ne crée pas l'activité. Or la DRH est un acteur central du business de l'entreprise. Portée par la nouvelle dimension de la Marque Employeur, mère de la stratégie d'identité *corporate*, elle n'échappera pas à la nécessité de s'extraire du rôle de « fonction support ». Imagine-t-on attribuer cette notion de *business partner* aux autres directions ?

La notion de fonction support, concernant le facteur humain dans l'entreprise, appartient à l'Ancien Monde. Les attentes du marché du travail, celles des nouvelles générations la disqualifient. La DRH de demain, rêvons un peu, se déchargera totalement des tâches juridico-sociales pour les confier ou les sous-traiter au cas par cas à des experts en fonction des besoins. Et ce, pour permettre aux membres de la DRH de passer la majeure partie de leur temps là où ils doivent être, sur le terrain ! Pas seulement aux côtés des cadres, mais auprès de tous les employés, car il faudra bien aussi abolir cette discrimination non avouée entre cadres et non-cadres et oser valider le principe de la pyramide inversée, où celles et ceux qui produisent méritent le plus grand intérêt de la part de celles et de ceux qui les guident.

La DRH pour devenir un acteur clé du business se doit d'être à l'écoute des salariés, et pas seulement des partenaires sociaux, pour capter les sens et les émotions, vivre l'entreprise de l'intérieur, connaître les attentes sur le bout des doigts et enfin pouvoir parler d'égal à égal à tous les membres du conseil d'administration sur les métiers, les tensions, les risques et l'appropriation culturelle du corps social de l'entreprise. Et devenir un véritable *business actor*.

Cette immersion dans la réalité du terrain, les directeurs des ressources humaines ne la pratiquent malheureusement pas assez. Dans le meilleur des cas, ils se contentent d'enquêtes de climat social, ces formulaires en 80 questions qui ne laissent aucune place à l'émotion, donc à l'humain. Et qui concluent souvent que tout va bien dans le meilleur des mondes, avec des scores dignes de la grande époque de l'Union soviétique ! Alors même que le pouls de l'entreprise doit se prendre en temps réel, que l'information et la parole se doivent elles aussi de circuler en temps réel. Combien d'entreprises dotent leur DRH de *community manager* ? Si peu. En ce sens la raison financière l'emporte là aussi sur la vision stratégique et prospective humaine. Où se trouvent, ami lecteur, les rares *community managers* en entreprise ? Ils sont la plupart du temps rattachés aux directions marketing ou de communication. Encore une fois la gestion de l'image et de la parole est labellisée « com » avec comme toujours une finalité, la relation client.

J'ai peur que les DRH en ne s'investissant pas plus dans le management de la parole et des émotions des salariés subissent un coup de grâce à l'heure du 3.0. Censés être garants de l'équilibre humain, ils devraient revisiter un bon sens pragmatique, à commencer par des idées de base comme « des salariés heureux font des clients heureux ». Ils ont un rôle majeur dans la valorisation du chiffre d'affaires de leur entreprise. Certains DRH évaluent à 25 % leur contribution au CA, à l'image de celui de McDonald's France, Hubert Mongon. Le DRH digital est tout sauf une mode. C'est une nécessité absolue pour, non pas se contenter de produire des outils online, mais pour libérer la parole, cultiver la fierté d'être, développer le devoir de transparence, rapprocher les équipes…

Il faut avoir le courage de dépasser les *a priori* culturels ou de génération pour aider son entreprise à basculer dans une culture 3.0. Certains s'y essaient, mais beaucoup restent dans « la dimension outils des médias sociaux » ; il leur faut un catalogue d'actions. On peut avoir les outils et ne pas faire bouger d'un pouce la culture.

Sephora a surfé sur l'innovation RH et gagné de nombreux prix en partageant nos idées pionnières sur le sujet. Mon équipe lui créa en effet le premier blog de collaborateurs en 2007, les premiers e-challenges ; il fait aujourd'hui figure de précurseur bien vite rattrapé. Bricoman en est un bon exemple engagé dans une vraie stratégie digitale ou encore VirginMobile converti à l'e-communication interne *via* sa newsletter digitale « l'indiscrète », embryon d'une démarche collaborative.

Gérer l'e-réputation employeur de son entreprise s'imposera comme une priorité dans les années à venir, mais encore faut-il pour cela commencer par développer de vraies stratégies de réputation employeur globale dont la seule raison d'être sera la réassurance des parties prenantes internes/externes de l'entreprise. La révolution humaine se joue aussi sur ce terrain pour les futurs DRH, charge aux actuels de se recycler rapidement pour éviter de rejoindre les dinosaures de la fonction.

Pour ma part, je suis aussi toujours interpellé par le temps qu'un DRH passe derrière son bureau, alors même qu'il devrait en passer au minimum 60/70 % sur le terrain, au milieu des équipes. Voyager de haut en bas, de bas en haut de l'entreprise sur un mode caméléon, accessible de tous et pour tous devrait être une priorité absolue de la fonction. Malheureusement, c'est loin d'être une réalité.

Pire, avec le temps et l'expérience, j'en suis arrivé à me demander si les contraintes de cette fonction ne rendaient pas inévitable cette distance, et faisaient que, parfois, certains DRH n'estimaient absolument pas nécessaire d'aller sur le terrain.

Pour exemple, ce DRH d'une grande entreprise avec lequel je me trouvais en province et auquel je proposai, en passant devant l'une de ses boutiques, d'y entrer, pensant que les équipes allaient être flattées d'avoir la visite surprise de ce grand chef. Il me répondit : « Vous n'y pensez pas, j'ai des gens pour ça ! » Depuis des années avec mes équipes, nous avions bâti à ce monsieur et à son entreprise une réputation employeur incroyable et en une phrase tout s'est écroulé. Depuis, vous ne serez pas surpris, ami lecteur, une distance s'est installée entre nous, tant j'ai horreur d'être complice d'une duperie.

J'entends déjà certaines mauvaises langues me faire un faux procès d'intention alors même que je ne défends qu'une grande ambition pour cette fonction que je juge plus que jamais essentielle pour aider les dirigeants à décoder la révolution humaine en cours. Les rois sont nus.

Je pense même que certaines directions générales de demain seront issues des rangs des DRH ; l'exemple de Stéphane Roussel, président surprise de SFR, après en avoir été le DRH, est intéressant : c'est un ancien DRH qui va mener la transformation de l'opérateur et sûrement sa vente à la demande de son actionnaire Vivendi comme le suggérait *Le Journal du Dimanche* du 14 octobre 2012. Sa vision et la stratégie qu'il a exposée faisant de l'innovation numérique son cheval de bataille sont la preuve que la connaissance de l'humain est aussi un atout dans un monde dit technologique.

OSER LA SPIRITUALITÉ D'ENTREPRISE

Les comportements des salariés, leur attitude et leur engagement forment un champ de représentation essentiel aux yeux des clients et des parties prenantes de l'entreprise. Si l'entreprise vise l'exemplarité sur son marché, la Marque Employeur doit traduire cette exemplarité et de facto endosser une dimension morale. La Marque Employeur, nous l'avons malheureusement vu au chapitre 5, est trop souvent réduite à la communication de recrutement. Le vrai défi des dix années à venir est de la faire reconnaître comme *la* valeur morale de l'entreprise.

Il s'agit d'une reconquête de sens pour les salariés. Le sens du travail collectif n'a jamais vraiment disparu, on l'a simplement oublié car la dimension morale de la marque n'était plus revendiquée. En relançant la plate-forme de marque sous l'angle de l'identité, du comportement, de la morale, on réinvente ce que l'on doit oser appeler une spiritualité de l'entreprise.

« Spiritualité d'entreprise » : l'expression vous a peut-être surpris, interpellé, choqué au chapitre 5. Je comprends, ami lecteur, et vous avoue ne pas l'utiliser avec tout le monde. Mais il est important d'y revenir. L'entreprise est une collectivité humaine, une communauté. Comme toute communauté, elle se conforme à des rites. Chaque dirigeant doit avoir le courage de les endosser, d'assumer la dimension spirituelle du vivre ensemble. Être heureux, malheureux, croire, avoir la foi, s'engager, vivre avec, hériter, se projeter, se rêver, se penser, autant de postures en entreprise qui dessinent un vivre ensemble de croyances. S'il y a autant d'interrogations sur le mal-être, de défiance, de sens, cessons de prendre les mots pour des idées et osons parler de spiritualité d'entreprise. Les prudes Anglo-Saxons, parfois hypocrites, s'offusqueront au prétexte qu'il ne faut pas tout mélanger… Pourquoi et au nom de quoi, alors que la vie, elle, inclut tout cela ?

Bien entendu, il ne s'agit pas de transformer l'entreprise en une secte. La dimension spirituelle doit être entendue comme supplément d'âme et non comme sentiment religieux aliénant ou autre forme de domination quelconque. Ce qu'on attend des salariés, ce n'est pas une adhésion à des valeurs, qui relèvent des convictions intimes, mais une identité d'attitudes et de comportements. Pour l'obtenir, l'entreprise doit être très structurée dans ses rituels de vie. La culture « maison » doit se transmettre comme un bien intergénérationnel, *une exclusivité humaine*, une marque de reconnaissance propre. Face à une notion de carrière qui ne veut plus rien dire, il s'agit bien de vivre l'entreprise en se projetant dans un référentiel de sens dont la gouvernance est le garant, le DRH le gardien. Le plus beau compliment que l'on puisse faire à un dirigeant d'entreprise, c'est « vos équipes, on les reconnaît, elles sont différentes » ou encore « c'est incroyable la cohésion qui se dégage de vos équipes ». Pour l'avoir humblement entendu de mes équipes, je peux vous l'assurer : tout ce que vous donnez vous est rendu au centuple. Être fier de ses équipes devrait être, de loin, la plus grande satisfaction d'un patron.

LA CULTURE SE RITUALISE COMME BASE MÊME DE LA CONFIANCE

À chaque étape du parcours du collaborateur, il doit y avoir un rite cohérent, piloté par un rituel qui raconte la culture d'entreprise. Malheureusement, les entreprises étant atteintes du syndrome de la chenille (évoqué plus haut) – la tête et le corps ont du mal à s'aligner –, la culture d'entreprise devient un sujet théorique, froid et banal. Pourtant, c'est le bien le plus précieux de toute société. Franck Riboud dit de Danone : « La seule chose que nos concurrents ne pourront jamais imiter, c'est notre culture d'entreprise. » C'est elle qui canalise les énergies, les développe, les transcende.

Un exemple à méditer : le Stade Français et sa culture du maillot

Passionné de rugby en raison de mon héritage paternel, je me réfère souvent à un épisode sportif resté dans les annales, le sacre du Stade Français comme champion de France de rugby en 1998, l'année où j'ai justement créé et déposé le concept de Marque Employeur. La récompense de ce tournoi national, rappelons-le, est le bouclier de Brennus, ce qui en dit long sur le combat à mener pour l'obtenir…

En 1992, le Stade Français a été repris par Max Guazzini, l'un des fondateurs de la station de radio NRJ, ancien attaché de presse de la chanteuse Dalida, autant dire assez éloigné du « rugby cassoulet », mais un vrai passionné de rugby qui, contre toute tradition, s'était convaincu de faire de Paris la capitale de l'Ovalie !

Comme il avait constitué une équipe composée majoritairement de gueules cassées ou de « vieux » joueurs (ça rappelle des choses), la partie n'était pas gagnée. Et voilà qu'en quelques années seulement, il propulse ce club plus que centenaire au sommet. Aux journalistes de *L'Équipe* qui l'ont interrogé sur cet exploit, Max Guazzini a raconté l'anecdote suivante, que devrait méditer tout dirigeant.

Dans les sports collectifs, le rituel de la remise du maillot est un moment sacré où l'entraîneur doit trouver les mots pour transcender chaque joueur et en faire un véritable guerrier qui va livrer la bataille. La veille de la finale, Max Guazzini, lui, a changé le rituel en mettant l'équipe dans un lieu secret. Il a fait venir d'anciennes gloires du club, un ancien numéro 15 remettant le maillot au numéro 15, et ainsi de suite. « Imagine deux paires de paluches tenant un maillot, les yeux dans les yeux, pendant des minutes d'éternité, d'autres avaient écrit des discours, nous étions tous en larmes, a expliqué en substance Max Guazzini. Nos adversaires venaient gagner un titre, nous venions honorer notre histoire et devenir maîtres de notre avenir. » Tout est dit. Quelques années plus tard, l'un de ses poulains devenu l'un des meilleurs entraîneurs de France, Fabien Galthié, dira : « Sur le terrain, le plus important ce n'est pas celui qui est dans le maillot, mais le maillot lui-même ! »

La culture, c'est cette force presque magique qui fait qu'à un moment donné un collectif ne forme plus qu'un. Qu'il compte 15 hommes ou 100 000 salariés, le débat est le même. En ce sens la très belle campagne *corporate* de Safran de son logo humain composé des 3 000 collaborateurs embauchés dans l'année et cette accroche directe « FIERS ! » en est un bel exemple. Tout le monde doit être fier de porter le maillot.

Revenons dans le monde de l'entreprise. Aujourd'hui, quand un président présente ses résultats aux actionnaires, il le fait avec son directeur financier. Demain, il viendra avec le directeur financier et le DRH, sous réserve que ce dernier ne se fasse pas « bouffer » par le premier. Les opinions publiques réclameront en effet une grille de lecture transparente de la manière dont le capital humain est géré.

Actuellement, l'annonce d'une réduction d'effectifs est saluée d'une augmentation du cours de la Bourse. Aujourd'hui, pour se donner bonne conscience devant l'impératif d'une réduction d'effectifs, le jargon juridico-social offre aux journalistes un nouveau sigle, *le PDV* pour *plan de départs volontaires*. Les licenciements font désordre ; on fait donc appel aux volontaires… À l'image de SFR qui, en juillet 2012, mérita la palme de la communication en annonçant dans la presse (*La Tribune…*) que les heureux chanceux de son PDV, prévu à la rentrée suivante, pourraient partir avec un an de salaire. Les petits veinards qui vont bientôt pouvoir remercier leur patron de supprimer des postes.

Et pourtant, derrière cette apparente ironie, les entreprises concernées par ce type de mesures sont souvent bien plus vertueuses qu'on ne l'imagine. Par pudeur ou par manque de maîtrise des enjeux de communication, elles ne savent que rarement expliquer ce qu'elles font de bien dans le cadre de restructurations et plus généralement dans le management des humains.

Le capital humain, future valeur montante de la Bourse

Il nous faudrait admettre une bonne fois pour toutes en France que licencier fait partie de la vie de l'entreprise, seule la manière de s'y prendre peut être choquante et critiquable. Mais sur ce point les politiques ont l'art de jouer les incendiaires, toujours prêts à entonner le refrain des « salauds de patrons ». Demain, les marchés financiers feront monter les cours à l'annonce de mesures prospectives faisant progresser le capital humain. J'en fais le pari, peut-être pas pour les cinq prochaines années, mais pour dans dix ans. Même en tenant compte de l'allongement de la vie professionnelle, l'évolution démographique, avec le retrait massif de la génération des baby-boomers, va en effet créer une pénurie de talents. À terme, cette rareté de talents aura un prix, ce sera le prix de la confiance.

Pour acquitter ce « prix de la confiance », la DRH, même installée dans un rôle stratégique, ne suffira pas. Il faudra aussi remobiliser les managers intermédiaires. À ces derniers, la responsabilité de pratiquer certains rituels clés pour la relation qu'ils entretiennent avec leur équipe, comme la signature du contrat de travail que nous avons déjà évoquée. Ainsi, les managers intermédiaires endosseront-ils leur rôle de « patrons de terrain » et disposeront d'un moment sacré pour décrire ce qui définit le vivre ensemble de l'entreprise aux nouvelles recrues.

Re-responsabiliser le management intermédiaire

Aujourd'hui, les managers intermédiaires sont des rois nus. On les a déshabillés de toute responsabilité. Ce qui peut d'ailleurs se comprendre, vu que nombre de cadres dirigeants sont devenus interchangeables. Eux qui constituent le squelette de l'entreprise sont ravalés au rang de pseudo-animateurs. Les GO du compte d'exploitation.

Ils sont « assis entre deux chaises » et tout à la fois « au four et au moulin ». Près de la moitié des managers en France disent que leur rôle est mal défini, sept managers sur dix considèrent qu'ils manquent de moyens pour diriger… Ces mauvais chiffres ne s'améliorent pas depuis dix ans. On veut des cadres qui relaient, motivent, entraînent, évaluent, sanctionnent, mais on ne leur donne pas les outils pour le faire. Pourtant, c'est à eux qu'il revient d'évaluer la performance de l'individu.

Au-delà du management intermédiaire, c'est la posture du top management par rapport à l'ensemble de la collectivité qui doit être revue. Au sommet de la ligne hiérarchique, il n'y a qu'un seul patron. Si vous êtes à la base et que vous ne le voyez jamais ou pire, que vous n'avez jamais entendu parler de lui, vous vivez votre métier en vase clos. Aucune chance qu'un horizon lointain vienne sublimer votre quotidien, aucune perception des possibles au-delà de votre usine ou bureau, aucune perception des enjeux plus globaux auxquels est confrontée l'entreprise.

Il est donc de la plus grande importance que les dirigeants soient les premiers garants de leur marque, *a fortiori* de leur Marque Employeur. Celle-ci étant, une nouvelle fois, la déclinaison de *leur* vision sous l'angle humain, elle est le cœur même de l'ambition humaine et sociétale de l'entreprise.

Sa transversalité se retrouve dans les dix critères qui permettent de l'évaluer : la confiance, l'exemplarité, l'écoute, la reconnaissance, la communication, la transparence, la fierté d'être, la projection, la vision, le savoir-partager.

Il est effrayant de constater le décalage existant aujourd'hui entre le quotidien des salariés et la vision stratégique de leur entreprise. Ils ne la partagent pas, voire ne la comprennent pas. À force d'agir sur une logique standardisée de surproductivité, on a abouti à une sclérose, un repli sur soi qui sonne un peu comme un sauve-qui-peut général.

Pour inverser la vapeur, le dirigeant moderne a le devoir d'incarner la culture et les valeurs de son entreprise. La technologie lui en donne aujourd'hui les moyens et l'y oblige car les employés ne comprennent pas qu'il ne réponde pas à leur attente alors que c'est possible. Faire un tchat avec ses employés occupe une heure. Leur consacrer soixante minutes tous les trois ou six mois, comme on l'a vu avec Dominique Giraudier du groupe Flo qui parle de son premier tchat comme d'une vague qui l'a submergé, constitue une prise directe avec le cœur de son entreprise. Or, aujourd'hui, les patrons ne sont qu'une infime minorité à pratiquer l'e-gouvernance. Et cette dernière fait très peur au management intermédiaire.

Chaque décision stratégique devrait être exposée, discutée avec l'ensemble des salariés et plus seulement avec les représentants du personnel. L'e-gouvernance rétablit le lien ; à terme aucun grand patron n'y échappera ; les patrons de PME, eux, auront toujours l'avantage du contact physique.

L'encadrement intermédiaire craint d'être court-circuité. Comme si le général en chef n'avait pas le droit de parler directement à ses troupes ! À l'échange direct sur Internet, on préfère la convention. Celle-ci a du bon, mais elle ne touche pas tout le monde, et ne garantit pas la relation de proximité. Demain, le dirigeant moderne sera accessible par la voie numérique.

LE POTENTIEL DE L'E-GOUVERNANCE

Le dirigeant devra accepter qu'un salarié ordinaire lui adresse un courriel, donnera de sa personne pour expliquer sa stratégie et répondre aux questions des employés sur celle-ci. Si le 2.0 avait existé au temps de Jésus-Christ, le mot d'ordre « Aimez-vous les uns les autres » aurait été un succès planétaire immédiat ! La Marque Employeur, expression de la réalité vécue de l'entreprise, doit trouver une véritable caisse de résonance dans la gouvernance internet. Et le dirigeant doit en être l'e-gardien du temple.

Il deviendra inimaginable qu'un dirigeant annonçant une restructuration ne réponde en direct aux questions des salariés et pas seulement à celles de leurs représentants et délégués syndicaux, comme l'y oblige le droit du travail. Déjà, des fissures apparaissent dans le cadre juridico-social de l'entreprise. Il n'est pas rare de voir certains projets stratégiques atterrir sur le Web à peine après avoir été communiqués aux syndicats…

L'important, c'est de comprendre que la note expédiée du sommet à l'ensemble des employés, signée du P-DG, mais écrite par son service de communication ne remplit plus son office. Le corps social a appris à ne plus en être dupe. À terme, ce sera au patron de « mouiller le maillot » pour expliquer en personne la légitimité de ses décisions et leurs conséquences, et d'assumer ses choix. *Déléguer la parole est un drame managérial à l'heure des médias sociaux.*

Les valeurs portées par la Marque Employeur légitimeront les hauts et les bas de la vie en entreprise. Celle-ci n'est pas un long fleuve tranquille, le monde économique n'est pas le paradis sur terre. Si les épreuves sont assumées de manière cohérente avec le contenu de la Marque Employeur et que de surcroît le dirigeant de l'entreprise prend ses responsabilités en cessant de déléguer aux experts maison la corvée d'annoncer les mauvaises nouvelles, alors elles peuvent s'inscrire dans une vision partagée.

Trop souvent, les dirigeants n'assument pas leurs décisions auprès de leur public interne. Ils se dédouanent en dotant les lignes intermédiaires de kits de communication ou, en politique, d'éléments de langage, censés faire rideau de fumée. Cette technique appartient à l'Ancien Monde. Elle procède d'un mode de diffusion du sommet à la base, impersonnel, rejeté par ses destinataires. Elle ignore que les parties prenantes ont aujourd'hui les moyens techniques d'exprimer et de faire partager leur propre opinion en toute transversalité.

Chapitre 8

Les nouveaux salariés entre ambiguïtés et paradoxe

L'instabilité professionnelle devient la norme • Les travailleurs du savoir, nouvelle élite professionnelle • La fiction d'une relation RH durable • Accroître les rémunérations variables • Un hymne à la méritocratie • Mimétisme transgénérationnel • Réhabiliter le collectif • Des pensées aux actes…

Ce qui caractérise le mieux le salarié moderne, c'est l'ambiguïté. Celle-ci recouvre toutes les dimensions de son existence : ambiguïté dans sa vie privée, son équilibre personnel, ambiguïté dans son engagement professionnel, avec des valeurs qui ont perdu de leur prégnance, telles que la fidélité, et des comportements qui impliquent un réel opportunisme. Les jeunes générations ont des vies simultanées faisant du Web leur vitrine amoureuse *via* la multiplication des sites de rencontres, phénomène symbolique des 25/30 ans à l'image du site « adopteunmec.com », leur vitrine professionnelle *via* la multiplication permanente des profils dits professionnels. Cette ambivalence est vraiment le sujet qui fait cauchemarder les dirigeants et patrons des ressources humaines les plus lucides aujourd'hui. Un exemple concret et très actuel, car conséquence de l'explosion des réseaux sociaux : de nos jours, tout salarié à peine embauché s'empressera de mettre à jour son profil sur les réseaux professionnels du type Viadeo ou LinkedIn. Au moment où il intègre l'entreprise, ce qui est censé l'engager à respecter ses valeurs et à répondre aux attentes de son employeur, ce salarié reste ouvert aux opportunités du marché du travail… Sans toujours l'admettre, il est en veille sur la grande place publique des compétences à vendre, alors même qu'il s'est engagé à être fidèle. Depuis deux ans se multiplient des candidatures de salariés en poste seulement depuis douze/dix-huit mois chez un employeur. L'accès en un clic à tous les CV, tous les profils accentue les tentations de zapping sous couvert d'une normalité assumée. Le tout, tout de suite commence à faire des ravages en matière d'apprentissage et d'expérimentation. En entretien, il n'est pas rare d'entendre, « cela fait un an, j'ai fait le tour du poste » ou encore « je n'ai pas de perspective d'avenir » au bout de douze mois de présence.

Autre phénomène concomitant : le pouvoir d'achat. Face à des salaires d'embauche et l'envie de bien vivre et de bien consommer, nombre de jeunes de 20 à 35 ans pensent que le seul moyen de faire évoluer son salaire est de changer régulièrement de poste, n'anticipant pas qu'ils seront rapidement rattrapés par un cliché d'instabilité aux yeux des recruteurs. Le problème est que personne ne leur dit qu'être fidèle ça peut payer, personne ne leur dit « sois patient », on grimpe toujours une échelle en commençant par le bas.

L'INSTABILITÉ PROFESSIONNELLE DEVIENT LA NORME

En tant qu'employeur moi-même, je suis toujours interpellé lorsque je reçois certains candidats trentenaires m'assurant de leur grande motivation à rejoindre mon entreprise et qui ont déjà à leur tableau de chasse quatre, cinq ou six employeurs successifs, ayant fait de-ci, de-là des zappings d'un an ou de dix-huit mois chez les uns ou les autres… Cela n'a rien d'un jugement de valeur, mais je ne peux m'empêcher de me demander où sera cette même personne dans un an. Ce genre d'expérience interpelle sur l'obsolescence des termes qui ont longtemps structuré la relation entre l'employeur et l'employé, les notions de contrat, de fidélisation, d'attractivité, de carrière ou de reconnaissance. Les entreprises récoltent aujourd'hui ce qu'elles ont semé : des comportements inhérents à leur propre instabilité. Les coups d'accordéon en matière de recrutement (un jour j'embauche, le lendemain je licencie) ont érigé l'infidélité en une forme de règle.

Les travailleurs du savoir, nouvelle élite professionnelle

Ceci posé, on constate en contrepied des phénomènes très encourageants, liés à la quête de sens, à l'envie de se réaliser. L'envie de construire, quel que soit l'âge ou l'expérience du salarié, reste une réalité forte. Elle l'est d'autant plus que nous sommes entrés dans une « économie du savoir ». La nouvelle classe des « travailleurs du savoir », loin des repères ouvriéristes traditionnels, est en passe de dominer le salariat des économies postindustrielles. Décrits, entre autres, par l'économiste américain Jeremy Rifkin[1], comme une « *nouvelle élite* », les travailleurs du savoir sont selon lui des « *manipulateurs d'abstractions* », qui combinent pour l'exercice de leur métier le savoir et la technologie. Ce sont les ingénieurs, chercheurs, informaticiens, mais aussi professeurs, juristes, financiers, médecins, créateurs, dont l'activité requiert des qualifications élevées et une autonomie très forte, même lorsqu'ils sont salariés. « Sur le plan professionnel, le travailleur du savoir possède un niveau d'instruction élevé », résument les « Notes éducation permanente[2] », qui le

1. Jeremy Rifkin, *La Fin du travail*, La Découverte, Paris, 1996.

2. « Les travailleurs du savoir, des groupes professionnels confrontés à des formes particulières de mondialisation », Association pour une Fondation Travail-Université, Bruxelles, « Notes éducation permanente », octobre 2008, n° 2007-17.

définissent également par son style de vie « souvent caractérisé par une prédominance des activités intellectuelles et culturelles, ainsi que par une perméabilité entre la sphère professionnelle et la sphère privée ». Il va de soi qu'un tel profil, lorsqu'il exerce au sein d'une organisation, a une exigence accrue vis-à-vis de celle-ci. Et comme ce modèle de travailleur éduqué et indépendant influence de plus en plus l'ensemble du salariat, c'est la grande majorité des employés qui sont en attente d'une réponse à la hauteur de la part de leur entreprise.

LA FICTION D'UNE RELATION RH DURABLE

Garder des salariés compétents et construire avec eux dans la durée va devenir un challenge permanent pour le chef d'entreprise. Un bon salaire et un environnement professionnel de qualité sont des prérequis mais ne suffisent plus. Il faut aussi mériter leur confiance et reconquérir leur adhésion quasi quotidiennement car celle-ci n'est jamais acquise dans ce monde du court terme et de l'adaptation permanente. C'est un défi très déstabilisant. Les modèles de management restent caricaturalement bâtis sur la fiction d'une relation durable alors que tout l'écosystème de l'entreprise n'est que papillonnage, à commencer chez les managers eux-mêmes. Je suis convaincu que les comportements zappeurs des salariés sont en fait une réaction à la dégradation de la culture d'entreprise mais aussi à la médiocrité – à l'hypocrisie ? – des modèles de management pratiqués qui, malheureusement, ont trop tendance à manipuler et finissent par anéantir toute espérance de reconnaissance. Ainsi, le chapitre précédent qui abordait la nécessaire spiritualité d'entreprise fait sens ici : connaître l'utilité de l'entreprise, se reconnaître en elle, se projeter en elle.

Accroître les rémunérations variables

À l'inverse, les entreprises les plus en pointe remettent au premier rang de la motivation du personnel la notion de projet. Donner à se projeter encore et encore évite d'enfermer l'individu dans une sorte de moule et impose un renouvellement permanent de la relation entre celui-ci et l'organisation. Le cycle de vie reprend ainsi ses droits sur l'enlisement dans une routine paralysante. Le projet est aussi un bon support pour accroître la part des rémunérations variables. Le variable répond à la volonté de chacun d'être entrepreneur de son propre salaire. À un moment où le coût du travail n'a jamais été aussi élevé en France, une véritable chape de plomb pèse sur les hausses de salaire collectives. Si l'on veut donc redonner de l'espoir économique aux salariés, il faut les rendre dépositaires de leurs propres augmentations. Le variable est l'instrument adéquat car il est cohérent avec la notion de projet, place chaque partie prenante devant ses responsabilités et est une source d'émulation au sein des équipes. En France, la triste et permanente habitude de l'acquis incarnée par l'opposition entre salaire fixe et rémunération est sclérosante. Le salaire fixe garanti rassure. Une rémunération mixte, fixe + variable, dérange. Souvent assimilé à des fonctions commerciales, le variable angoisse et crée un clivage entre les peuples entrepreneurs et les défenseurs des acquis. Pourtant, et contrairement aux idées reçues, les jeunes sont de plus en plus ouverts au variable dès lors qu'il est juste et éthique.

L'ingénierie sociale aurait grand intérêt, dans ce contexte de mutation profonde, à oser bousculer cette question de la rémunération globale, incluant au passage une valorisation des avantages offerts par les entreprises, au profit d'une valorisation de la performance individuelle. Serait-elle dès lors en écho à l'individualisme ambiant ou permettrait-elle au contraire de développer plus de solidarité ? Une vraie question de prospective sociale.

UN HYMNE À LA MÉRITOCRATIE

Il existe déjà l'actionnariat salarié, mais donner au variable la place qu'il mérite suppose de revoir les grilles de rémunérations auxquelles les entreprises sont assujetties. Il subsiste en France encore beaucoup trop de grilles de salaires à l'ancienneté, où en fonction du métier, grilles qui « logent » tout le monde à la même enseigne. Or l'égalitarisme salarial est un leurre, un mécanisme qui tire vers le bas. Il faut être au contraire « aspirationnel », la structure des rémunérations doit être un hymne à la méritocratie. Le drame aujourd'hui, c'est que ce chant glorieux est étouffé par la ritournelle d'un dialogue social conformiste entre des syndicats dépassés par l'évolution du salariat moderne et des entreprises assujetties à des impératifs strictement financiers. Ce monologue à deux interdit toute innovation sociale négociée, alors même que les comportements écrivent déjà de nouveaux rapports humains.

Le verre est à moitié vide et à moitié plein. Côté vide, l'entreprise court le risque d'être reléguée au rang de bien de consommation pour les salariés. Le comportement des plus jeunes, qui, comme nous l'avons décrit dans les chapitres précédents, n'hésitent plus à quitter un employeur qui les déçoit même s'ils n'ont aucune promesse d'embauche pour la suite, en est le signe annonciateur. Si le contrat de travail devient jetable sans regret pour la majorité des salariés, la pérennité des entreprises est en jeu et lance le défi d'un nouveau modèle à inventer.

MIMÉTISME TRANSGÉNÉRATIONNEL

La menace est d'autant plus importante que ce sont les jeunes qui donnent la tendance. Les progrès de la santé publique ont estompé les frontières entre générations et incité les parents à calquer leur mode de vie sur celui de leurs enfants. Le dogme de la forme, de l'apparence et de la connexion s'est imposé à tous les âges. Transposé dans le monde du travail, ce phénomène de mimétisme intergénérationnel influence l'ensemble du rapport à l'entreprise. La posture radicale des jeunes, qui finalement est une manière de se protéger, est déjà de plus en plus acceptée par les aînés. Certes, on est moins libre et mobile à 45 ans qu'à 25. Mais rien n'empêche d'encourager et de se solidariser au détriment de la cohésion de l'entreprise. De plus, à 45 ans, on a aujourd'hui devant soi vingt ans de défis professionnels à relever !

Mais la moitié pleine du verre est elle-même puisée aux mêmes sources. Par leur absence de considération pour les us et coutumes professionnels d'antan, les jeunes générations obligent l'entreprise à remettre à plat ses relations humaines. En rendant l'entreprise et ses dirigeants comptables de leurs actes, elles les poussent à l'excellence. Parce que le turn-over des salariés coûte plus, sur le long terme, que les augmentations salariales, la prise en compte des nouvelles exigences des salariés progresse, du sommet à la base de l'entreprise. Ceci n'est pas encore une réalité aujourd'hui mais le deviendra à terme ; il suffit de regarder ce qui se passe au Danemark, au Canada, en Israël ou encore aux États-Unis ; nos grands patrons prennent « un sacré coup de vieux » !

Réhabiliter le collectif

Le trou abyssal de la Sécurité sociale a souligné l'explosion des arrêts de maladie de complaisance, devenus un des symboles du travail en France. Pour un rien, on gagne trois jours d'un côté, une semaine de l'autre… L'absentéisme médical est en effet un fléau économique. Mais pas seulement. Cette situation reflète une posture du chacun pour soi, cautionnée par une médecine complice – osons appeler un chat, un chat ! –, mais traduit avant tout un luxe social que les principaux intéressés ont du mal à reconnaître.

Mais se pose-t-on, au-delà de la reconnaissance du laxisme ambiant, les bonnes questions ? Quitter sa place, laisser tomber ses collègues, sortir du jeu (bien évidemment, je pointe du doigt les abus et uniquement les abus, ami lecteur, afin de forcer l'argumentation, soyez rassuré), n'est-ce pas la traduction d'un manque d'engagement et de solidarité ? Il suffit pour s'en convaincre de noter les bonds compris entre + 18 % et + 30 % d'arrêts maladies en périodes de rentrée scolaire et de fêtes de fin d'année. Édifiant.

Peut-on parler de conscience professionnelle mise à mal ? Je n'irai pas jusque-là mais je reste convaincu que nous pouvons parler sans hésiter de conscience d'entreprise mise à mal !

La conscience d'entreprise est une notion étrangère à nombre de salariés aujourd'hui alors même qu'ils sont de plus en plus engagés et sensibles par rapport à de grandes causes sociales. La conscience d'entreprise est une notion perdue à reconquérir et à réhabiliter pour les nouveaux salariés habitués à vivre sans. L'entreprise source de conscience de soi, de conscience des autres est un cadre de sociabilité exclusif vecteur d'équilibre et pourquoi pas de bonheur aussi.

Cette conscience passe par le collectif avant tout ; le salarié « moderne » est tout aussi capable que les autres de s'engager, encore faut-il lui donner de bonnes raisons de le faire. Le collectif en est une, d'autant que toutes les études démontrent l'attachement à ses collègues comme un facteur d'équilibre. Mais le sens du collectif dépasse la simple cohabitation au profit d'un vivre ensemble et d'une ambition partagée. Schizophrènes par nature, les nouveaux salariés doivent urgemment être intégrés dans une dimension de corpus vivant de l'entreprise, faisant un avec elle au profit de la reconnaissance de sa valeur ajoutée « humaine » et non figée dans des chiffres ou autres critères tournés vers le passé. Le vrai enjeu est de donner une vérité au collectif. « L'homme est un loup pour l'homme », écrivait Hobbes, mais l'homme peut aussi être le salut de l'homme, y compris dans l'entreprise. La férocité du quotidien prime sur l'harmonie, c'est une évidence, mais le défi doit être relevé pour permettre à ces salariés d'entrer en cohérence avec eux-mêmes, d'entrer dans leur propre histoire. Ils sont le tenant et l'aboutissant du bien-être dans l'entreprise. Le genre humain a bien plus de choses en commun que de choses qui le divisent. Donner une vérité au collectif permet à chacun de se reconnaître et de se réaliser pour et avec les autres. Cette vérité est l'utopie lancée par ces nouveaux salariés à leurs futurs managers. Une espérance. Pour reprendre ici la maxime du Taciturne, « il n'est pas nécessaire d'espérer pour entreprendre, ni de réussir pour persévérer ». Ces nouveaux salariés, derrière leurs ambiguïtés, sont l'espoir d'un renouveau, d'un nouvel équilibre collectif.

Des pensées aux actes…

Parce que leur attitude est ambiguë, les salariés ne sont pas à un paradoxe près en matière d'engagement en faveur de leur entreprise. Leur refus de « se mobiliser pour » une entreprise qui leur apparaîtrait comme une machine économique sans âme est précisément motivé par leur aspiration à le faire pour une société qui joue son rôle de collectivité humaine. Ils sont tout à fait capables de se montrer fidèles et volontaires, mais pas pour un monstre froid, obscur et distant. Les salariés revendiquent le droit de comprendre avant d'agir. Infidèles, au moins en pensée, à l'entreprise, ils se veulent fidèles à eux-mêmes. Il s'agit là, on l'a vu, d'un leitmotiv des Y et des mutants qui tend à se généraliser à tous les âges. Il n'est pas exempt d'hypocrisie car dans les faits, tous n'assument pas et nombreux sont ceux qui restent en poste, frustrés, dans une attitude de « résistance passive », par crainte de prendre des risques ou de perdre des acquis sociaux. Combien de fois en effet il m'est arrivé, lors d'enquêtes internes, de rencontrer en collectif ou en tête à tête des collaborateurs qui n'avaient de cesse de critiquer leur employeur ; cette posture est aussi détestable que la peur de l'inconnu devenu le bras armé disciplinaire des entreprises aujourd'hui. Mais c'est le pire des non-choix au plan individuel, car il engendre la frustration et l'immobilisme, comme au plan collectif, car il pourrit le climat interne. Mais même cette contestation larvée conduit l'entreprise à se redéfinir en comblant le décalage entre son propre idéal et la réalité, condition *sine qua non* de la restauration de son autorité.

Les nouveaux salariés – qu'importe encore une fois l'âge – sont les purs produits des « trente piteuses » et de l'hypermédiatisation « antientreprises/antipatrons ». Débutants, ils entrent avec scepticisme dans une entreprise dans laquelle ils sont persuadés qu'ils ne vont pas se réaliser ; confirmés, ils ont été confrontés à la limite des beaux discours et à l'impuissance des DRH par rapport à la logique économique. Dans les deux cas, ils laissent leurs rêves de côté pour juste « assumer le job ».

Les salariés des années 2010/2020 sont un public blasé qui sait tout, a tout vu, tout vécu et est revenu de tout ! Public perdu ? Sûrement pas. Public à réveiller, à stimuler, à provoquer… Assurément.

L'entreprise, en particulier la grande, étant devenue tristement prévisible sur tous les plans de la relation humaine, n'excite plus personne. Métro, boulot, dodo. Quoi de neuf docteur ? À ceci près que les rêves sont souvent plus forts que la réalité. 78 % des salariés 25/49 ans rêvent de vivre une vraie aventure humaine grâce à leur travail. Aventuriers de tous les pays, unissez-vous !

À noter l'incroyable campagne lancée en septembre 2012 par le groupe United Color of Benetton, célèbre pour ses provocations, avec le slogan « *Unemployee of the year* » (non-employé de l'année) qui lançait un concours mondial pour interpeller les 100 millions de jeunes Européens de moins de 30 ans en recherche d'emploi. L'idée, les inviter à raconter leur expérience de *unemployee* ; rêves contre réalité. Une première.

Chapitre 9

L'entreprise doit redevenir une véritable aventure humaine

La décennie de l'ouverture aux autres • Les nouveaux combattants de l'entreprise • La star est le maillot • La construction d'une exclusivité humaine • Le ciment de la culture d'entreprise • Donner à rêver • L'entreprise bonne citoyenne • Vers l'entreprise humaniste • L'important, c'est d'aimer

Il n'y aura pas de reconquête de la confiance entre salariés, dirigeants et entreprises sans rééquilibrage entre les enjeux économiques, marketing et commerciaux et les enjeux sociologiques, managériaux et humains, ce qui est désormais une évidence. Depuis trente ans, la primauté de la finance sur le reste, nous l'avons vu, a étiolé, distancié, déshumanisé les relations professionnelles. Mais l'économique est impuissant à agréger les salariés. Emboîtant le pas aux jeunes générations, tout le « corps social » de l'entreprise attend que l'on donne un sens à son travail, non plus seulement à titre individuel mais aussi en termes collectifs, un sens qui projette et soude les salariés autour d'un objectif commun.

LA DÉCENNIE DE L'OUVERTURE AUX AUTRES

Après dix ans de repli sur soi, la prochaine décennie pourra être celle de l'ouverture aux autres. Du moins je le souhaite du fond du cœur. La clé est entre les mains du management, dans sa capacité à reformuler le projet commun avec des mots simples et trop oubliés tels que : « équipe, partage, sens du bien commun… ». Bref, à faire renaître l'entreprise en tant qu'aventure humaine.

Le grand chantier du « vivre ensemble version 2020 » est engagé. Il passera, martelons-le, par l'invention de nouveaux rites de partage, d'intégration, d'évaluation et de combat, car l'entreprise doit rester conquérante par rapport à la concurrence. Toute entreprise, du moins dans le secteur privé, est en effet mue par l'esprit de conquête. Gagner des parts de marché, de nouveaux clients, une réputation… sont ses maîtres mots et sa raison d'être. Cette aventure est aussi celle des peuples mus par une compétitivité mondiale qui les dépasse, eux et leurs dirigeants. Et pourtant l'histoire économique s'accélère en parallèle de l'histoire politique, à l'exemple de l'Europe dont la crise est le terreau d'un fédéralisme que les esprits éclairés appellent de leurs vœux. Il est en effet aisé d'en faire l'analogie malgré tous les Cassandres et anti-Européens populistes : l'Europe fédérale est en gestation, encouragée par le dernier prix Nobel de la paix qui lui a été décerné le 12 octobre 2012 à la surprise générale. L'intelligence collective et le sens du bien commun vont triompher des tentations du repli sur soi et de l'hétérogénéité « des petits systèmes locaux ». Comme l'écrivait Christophe Barbier dans *L'Express* du 19 septembre 2012 : « Tout est réuni pour enfin franchir le pas (…) le monde nouveau exige une puissance continentale homogène… Surtout l'intégralité de nos problèmes (…) n'[a] de remède que partagé, car aucun État n'a la puissance, ni les finances pour les résoudre seul. » Et de conclure : « (…) [l'aventure] se poursuivra (…) par l'élection au suffrage universel direct de celui ou celle qui présidera l'Union. Alors, ce grand moment démocratique sera le baptême d'un temps nouveau, la récompense des peuples et la gloire des politiques qui auront été courageux. »

À l'échelle d'un individu, d'une communauté, d'un pays, seul le courage de transformer les rêves en réalité permet à chacun d'oser se projeter dans un futur, d'espérer devenir soi-même.

LES NOUVEAUX COMBATTANTS DE L'ENTREPRISE

Dès lors que l'on accepte que cet état d'esprit est vital pour les entreprises comme pour la cité en général, on comprend que les salariés doivent se considérer symboliquement comme des guerriers. Malheureusement, rares sont les entreprises qui ont cette capacité de mobilisation spontanée. Rares sont les managers que leurs équipes consentent à suivre comme un seul homme, prêtes à travailler jusqu'à quinze heures par jour pour accomplir un projet crucial pour la marque. De nos jours, les « troupes » ont plutôt tendance à s'opposer par tous les moyens que de partir volontaires, la fleur au fusil… L'absence de plaisir partagé en est la principale raison.

Dans l'armée, le soldat se bat pour une cause et un drapeau, sous les ordres d'un chef de guerre qu'il respecte s'il est humain et compétent ; il se bat aussi pour son frère d'armes, celui duquel dépendra aussi sa survie et réciproquement. Le monde de l'entreprise s'apparente, lui, à l'univers plus pacifique – et néanmoins proche du corps militaire dans ses rites et pratiques – de la compétition sportive : on y défend les couleurs de sa marque et de son équipe. On y fait (en principe) confiance à son manager, à sa parole. Et c'est ce verbe du dirigeant qui crée la fierté et désinhibe, donne la force d'aller affronter l'adversaire.

La star est le maillot

L'emblématique entraîneur de rugby, Fabien Galthié, déjà cité, a l'habitude de dire que sur le terrain la star ce n'est pas celui qui porte le maillot mais le maillot lui-même, sous-entendu l'équipe, le club, les supporters… Si on laisse de côté l'incroyable contre-exemple de l'équipe de France de football de Domenech et de Blanc, le maillot est l'étendard qui distingue les tribus, les adversaires, les cultures. Au nom du maillot, les hommes se dépassent, les peuples aussi. Dans l'entreprise, la marque est ce maillot et cette marque-maillot transcende aussi les fonctions au profit du projet, de l'ambition, de la foi en l'avenir. Elle est le socle qui fédère l'ensemble des salariés autour de valeurs et d'attitudes communes.

Le travail de construction d'une « marque-maillot » devient donc un enjeu culturel majeur pour toute entreprise, et ce bien au-delà des projets à trois ans, des plans stratégiques comme nous avons pu le voir. Son élaboration ne peut se limiter à réfléchir « en chambre » à la culture d'entreprise, dans le cénacle de petits comités de cadres dirigeants et consultants. Condition nécessaire pour créer l'adhésion, formuler ce qui constitue l'essence culturelle de l'entreprise demande une vraie introspection, afin de comprendre ce qui renforce la motivation des salariés, leur capacité à se projeter dans l'avenir vers lequel tend leur entreprise et à propager positivement cette vision future. Il doit aboutir à définir ce que j'appelle une « exclusivité humaine ».

La construction d'une exclusivité humaine

Cette exclusivité humaine, c'est ce qui rend l'entreprise unique en tant que collectivité, bien au-delà des enjeux de communication, de produits et de services. Par exemple, un ingénieur spécialisé dans l'automobile peut normalement tout aussi bien travailler chez PSA, Renault, Nissan, Volkswagen ou Toyota. La plupart des constructeurs ont des définitions des grandes fonctions et postes de travail similaires, proposent des fourchettes de rémunération et des avantages sociaux comparables. Pourtant, quelque chose fait qu'on ne vit pas le même métier à l'identique chez PSA ou chez Toyota. Ce quelque chose, c'est l'exclusivité humaine. Elle est propre à chaque entreprise, le produit de son histoire, de son patrimoine immatériel, de son style de management, de sa vision de l'avenir. Si elle n'est pas lisible, l'entreprise est ravalée au rang d'employeur de son secteur parmi d'autres, banalisée.

À l'inverse, quand l'exclusivité humaine devient intelligible, l'entreprise entre dans un processus extrêmement sélectif qui lui permet d'assumer qu'elle n'est pas faite pour tout le monde, qu'il s'agisse des collaborateurs ou des clients. Cette dimension n'est pas l'affaire d'un seul service de l'entreprise, encore moins l'apanage de la direction des ressources humaines. Elle est la résultante de la stratégie et du mode de gouvernance de l'entreprise. Elle est aussi l'axe central de sa communication. Malheureusement, on l'a vu dans les chapitres précédents, cet enjeu n'est pas valorisé budgétairement à la hauteur de cette ambition. « L'exclusivité humaine » n'est pas encore identifiée comme une priorité absolue. La priorité. Elle le deviendra, j'en suis persuadé. Elle sera la base contractuelle du nouveau *corporate* humain vis-à-vis de toutes les parties prenantes de l'entreprise. Les Google, Apple et autres Facebook en sont des exemples.

Cette exclusivité humaine accompagnera les futurs leaders à penser l'entreprise comme un corpus vivant, faisant de chaque salarié une composante à part entière ; du plus humble au plus fort, chaque maillon est essentiel à l'équilibre général. Là aussi mon expérience du terrain m'a convaincu qu'il y a urgence à en convaincre les dirigeants, mais aussi les actionnaires, qui seraient avisés de les aider à humaniser leur posture.

LE CIMENT DE LA CULTURE D'ENTREPRISE

En faisant l'effort de reformuler ses rites de vie, l'entreprise revendique donc sa véritable dimension *corporate* et sa culture du maillot. Elle transforme tous ses processus, définitions de fonctions et de métiers en leur insufflant le supplément d'âme révélé par la marque. Cette cohérence et l'adhésion qu'elle ne manquera pas de susciter auprès du personnel contribueront à faire émerger une véritable communauté soudée, non par les métiers, mais par la volonté de construire quelque chose ensemble.

L'entreprise redeviendra ainsi une véritable aventure humaine en réconciliant sa tradition et son avenir. Ce qui suppose de prendre le temps de la transmission dans l'entreprise. La plupart des sociétés à caractère familial continuent d'honorer leur passé pour mieux avancer vers l'avenir à l'image du groupe Bongrain, illustre leader international français totalement méconnu en raison de sa très grande discrétion. Mais dans les entreprises dont les dirigeants sont interchangeables et se succèdent tous les trois à cinq ans, l'instabilité de l'état-major et la pression du court terme tendent à dévaloriser le patrimoine culturel et conduisent à effacer la mémoire de l'entreprise. L'aventure entrepreneuriale fondatrice n'est plus élevée au rang de légende. Le patron du moment ne perçoit pas forcément l'utilité de parler du passé et de réfléchir à plus long terme ; son contrat, souvent à durée déterminée non officielle, fixe son action dans le présent. « Après moi le déluge ! » Il va falloir beaucoup de *vista* et de générosité aux leaders de demain pour qu'ils se considèrent comme de simples dépositaires temporaires d'une culture et d'une logique de transmission qui dépasse leur propre unité de temps professionnel. Mais ce sera indispensable car une communauté de vie a besoin de ses légendes, de ses mythes et de ses rites. La garantie d'une rémunération, elle-même soumise aux aléas du temps, est insuffisante pour amener l'individu à se dépasser et à se tourner vers le futur.

Donner à rêver

L'avenir tout tracé, plus personne n'y croit. L'avenir garanti par une autorité supérieure ne fait plus recette. En revanche, l'avenir dont chacun est à la fois acteur et contributeur, cela fait sens. Aidons chacun à comprendre en quoi il participe vraiment à l'élévation de la marque et l'horizon s'éclairera. La gouvernance doit investir le domaine du rêve et de l'ambition. Donner à rêver fait partie du leadership. Demain, on mesurera la performance des leaders à leur capacité à agréger tous les publics de l'entreprise, anciens, actuels et futurs. Le plus beau défi auquel est confronté un dirigeant consiste à assurer la pérennité de son entreprise avant de passer le témoin.

En ce sens, l'exemple de Groupama est édifiant pour illustrer les forces de résistance : en l'espace d'une dizaine d'années, sous l'impulsion de Jean Azéma, ce groupe bâti à partir de caisses régionales issues du terroir était en passe de devenir un grand de l'assurance au niveau mondial. Lors d'une de nos entrevues, Jean Azéma me définit avec beaucoup d'humilité la vision de son rôle : « J'ai reçu l'entreprise en un état, mon devoir est de la faire fructifier dans l'intérêt de tous et de la transmettre plus forte pour les générations qui nous succéderont. » Fidèle aux racines mutualistes, cet entrepreneur issu des rangs de l'entreprise l'a ouverte au monde, comprenant avant tout les enjeux liés aux marchés financiers. Avec l'aide d'une DRH « bâtisseuse », Isabelle Calvez, il veilla à bousculer les codes sans jamais trahir les racines, jusqu'au moment où une fronde des barons de province, dont le système de gouvernance était à leurs yeux censé préserver leur équilibre, le renversa à la surprise générale. L'absence de risque balaya les rêves, privant des milliers de salariés de poursuivre une aventure sans précédent dans le monde de l'assurance depuis le rachat de l'UAP par AXA et privant aussi la France d'un futur champion. Le rêve ne paie pas lorsqu'il dérange les actionnaires. Triste, mais logique.

La notion d'aventure humaine est la seule susceptible d'attirer les juniors et de retenir les séniors. S'il est vrai que dans l'entreprise française contemporaine, on est considéré comme vieux à 45 ans, cette stigmatisation est irrémédiablement appelée à être battue en brèche du fait du recul de l'âge de la retraite. Quand on est censé travailler jusqu'à 67 ans, le milieu de la quarantaine correspond à la moitié de la vie professionnelle et non à une impasse ! Elle traduit un pic de performance qui illustre l'utilité future du salarié.

Emploi des séniors : le Canada montre la voie

L'exemple du Canada est à ce titre assez instructif : près du tiers des 664 000 nouveaux emplois créés au pays de la feuille d'érable depuis juillet 2009 ont été pourvus par des plus de 60 ans, selon une récente étude de la banque Toronto Dominion. Si ces *papy jobs* sont en partie occupés par des séniors de plus de 70 ans en quête d'un revenu d'appoint, l'emploi des cadres sexagénaires demeure, lui, qualitatif. Les entreprises, en manque de main-d'œuvre, ont compris que les personnes âgées, « lorsqu'elles sont en bonne santé, sont aussi productives que des jeunes, mais souvent plus souples et plus fidèles », observe Denis Morin, professeur en gestion des ressources humaines à l'université du Québec à Montréal. Au Canada, un sénior est considéré comme un professionnel expérimenté, qui a pu apprendre de ses échecs et qui a suffisamment de bouteille pour aller à l'essentiel…

Solidarité intergénérations

Le cadre éducatif français souffre entre autres maux de laisser des pans entiers de formations en jachère alors même que des milliers d'emplois sont à pourvoir ; c'est le cas des métiers de bouche : on ne forme pas assez de bouchers, de boulangers, de pâtissiers… Résultat, une pénurie incroyable de main-d'œuvre ; pour faire face à cette

> situation endémique, les hypers et supermarchés Casino ont réfléchi à un plan « PartÂges » qui consiste à solliciter contractuellement et sur la base du volontariat des retraités de l'enseigne prêts à « rempiler » pour former et prendre sous leurs ailes des petits jeunes sans qualification. À la clé, pour ces jeunes, une formation diplômante et un job à décrocher. D'un côté, des « anciens » fiers d'aider des jeunes à apprendre un vrai métier, de l'autre ces mêmes jeunes qui s'ouvrent à d'autres horizons, et à la clé de vrais emplois. Au moment où ces lignes sont écrites, le programme était sur le point d'être lancé, mais je peux vous assurer que l'enthousiasme exprimé par les premiers retraités bénévoles annonçait un futur succès. L'aventure humaine et la passion de son maillot dépassent de fait l'arrêt de la mise à la retraite ; elles sont en chacun, dès lors que ce fut une belle histoire...

Certes, en France, le taux d'emploi des 60-64 ans plafonne à 18 %, contre 30 % en moyenne en Europe. Il n'empêche que l'évolution démographique va obliger les entreprises à trouver les ressorts pour remotiver ces futurs retraités au sommet de leur forme, au lieu de les pousser dehors comme on le fait encore aujourd'hui au prétexte qu'ils coûtent trop cher et sont moins malléables que les jeunes. Les séniors – comme d'ailleurs les anciens qui ont déjà quitté l'entreprise – peuvent exercer un véritable rôle en matière de transmission des valeurs et du savoir, rôle qui leur est actuellement refusé. L'enjeu de l'entreprise/aventure humaine n'est ainsi pas seulement un enjeu d'attractivité par rapport aux jeunes et de fidélisation de son personnel, il s'agit aussi de collaboration entre générations au sein de l'entreprise. La culture d'entreprise devra ainsi intégrer la notion de bien-être au travail, pas seulement au sens de prévention de la souffrance au travail, mais aussi dans sa dimension existentielle, la capacité de chacun à exister par et pour son travail, et ce quels que soient les âges.

Dès l'intégration de salariés juniors, l'entreprise fera de l'employabilité un maître mot, une preuve de ses engagements. L'opinion publique ne pourra plus accepter des êtres humains mis sur le carreau pour la seule raison qu'ils n'ont jamais su faire qu'une tâche !

L'entreprise bonne citoyenne

Toutefois, ce chantier ne peut être exclusivement tourné vers l'interne. L'entreprise est l'un des derniers lieux structurants dans une société menacée de décomposition. L'entreprise doit donc reprendre sa place dans la société. Elle ne doit plus être en marge de la cité, elle est au cœur de celle-ci. « L'entreprise devient bonne citoyenne », en rupture avec l'époque où elle « se flattait d'être indépendante des États et de ne pas se soucier de la société ou de son environnement. Seul l'intérêt de l'entreprise, sa capacité à "faire du profit" entrait en ligne de compte », écrit François Eyssette dans *Les 7 clés du leadership*[1]. Cette époque est révolue, pour toutes les raisons déjà évoquées (Web 2.0, renouvellement des générations, etc.) et aussi parce que les dérives du capitalisme financier obligent les acteurs économiques à une éthique plus rigoureuse et à la préservation d'une certaine harmonie entre l'homme et la nature, entre les hommes entre eux, entre les différents moments de leur vie. L'entreprise citoyenne est une formule banalisée par vingt ans de communication sur le sujet, souvent inspirée par la finance qui, pour faire accepter les profits, revendiquait une contribution sociétale.

Devenue symbole de la langue de bois, l'entreprise citoyenne de demain, miroir d'un *corporate* humain, aura un juge de paix, ses propres citoyens. Eux et eux seuls pourront accréditer les postures et cautionner les engagements. L'entreprise qui se donnera à vivre en aventure humaine va créer un nouvel équilibre (et non pas un nouveau rapport de force) entre l'ensemble des maillons de sa valeur ajoutée. Véritable

1. *Les 7 clés du leadership*, ouvrage collectif sous la direction de Philippe Wattier, L'Archipel, 2011.

chaîne d'union, l'entreprise/aventure citoyenne reliera toutes les bonnes volontés et marginalisera les aigris et autres nostalgiques de la lutte des classes. L'intelligence collective prendra-t-elle en effet le pas sur l'égoïsme des partisans ? Nous en sommes loin, très loin, je le sais, mais l'essentiel n'est pas tant l'horizon mais d'être déjà sur le chemin. À chacun de tailler sa pierre pour contribuer à cette harmonie à portée de main.

VERS L'ENTREPRISE HUMANISTE

Réhabiliter l'aventure humaine inhérente à l'entrepreneuriat ne signifie pas renouer avec le paternalisme de la première révolution industrielle. Il s'agit plutôt de lui redonner un sens collectif et, pour le souder, de lui donner encore et toujours une dimension spirituelle, au sens de la deuxième définition donnée par *Le Petit Larousse illustré* de cet adjectif : « Relatif au domaine de l'intelligence, de l'esprit et de la morale ». L'expression « le XXIe siècle sera religieux ou ne sera pas », prêtée à André Malraux (mais démentie par l'intéressé qui pensait néanmoins qu'un événement religieux pourrait se produire au XXIe siècle), indique ce besoin de spiritualité.

Dans un monde occidental déserté par la religiosité, le besoin de morale est d'autant plus grand. Les êtres humains de 2020-2030 seront plus spirituels qu'aujourd'hui car ils voudront être les maîtres de leur propre destin, donner un sens à leur vie. L'explosion des valeurs féminines, déjà décrites dans ce livre, en est l'avant-garde. Le sens de la vie, par définition plus féminin que masculin, s'exprime par la quête d'une vie choisie et non subie, une vie équilibrée et non traumatisante. L'harmonie est l'ambition des dix, vingt prochaines années en écho à la reconquête de la confiance dans le monde professionnel.

Et les entreprises, au même titre que d'autres institutions, seront inter-pellées par cette demande sociale. Soit elles l'ignoreront et deviendront démoniaques, soit elles y répondront et deviendront humanistes.

J'ai la conviction que l'on se dirigera vers cette entreprise humaniste, portée par les nouvelles générations et soudée par l'Internet. La nais-sance d'une sorte de conscience universelle accouche dans la douleur d'un nouveau siècle des lumières et force toutes les organisations à accé-lérer le processus de reconnaissance de l'autre et d'harmonie. Même si l'obscurantisme nous voile cette perspective – obscurantisme populiste, religieux, économique, politique –, même si les archaïsmes politiques et syndicaux de certains pays, à commencer par la France, vont à l'encontre des intérêts des salariés, les jeunes générations porteront ce besoin d'en-treprise humaine. Les leaders de demain devront tenir compte de cette appétence des salariés. Être le patron, c'est aussi être le garant d'une éthique, d'attitudes, d'un avenir et donc de la capacité à se projeter. Cette aventure humaine est pour moi l'une des grandes utopies du XXIᵉ siècle et elle correspond à l'époque que nous vivons, contrairement aux appa-rences. C'est une époque où convergent aux quatre coins du monde des envies communes et partagées : se réaliser dans son travail, mieux vivre son travail, se sortir de sa condition quel que soit le niveau de départ où l'on est. La course au toujours plus n'est plus forcément la motivation première des individus, elle s'efface derrière une course au mieux-être collectif. En cinquante ans, la pauvreté n'a jamais autant reculé à travers le monde à l'instar de ce qui se passe en Afrique rendant d'autant plus terrible et inacceptable celle que l'on côtoie au coin de sa rue.

L'important, c'est d'aimer

Après quarante années de course à la puissance, nous traversons une fenêtre de tir historique durant laquelle le sens de l'histoire pourrait s'inverser. Un grand nombre de groupes multinationaux ne sont plus leaders culturels et spirituels. Quelle gloire tirer d'un statut de leader si autour de soi la misère règne ? Quelle fierté tirer d'un parcours économique sans faute s'il se paye d'une perte de mémoire collective et d'une soumission aux sursauts du court terme ? J'ai du mal à comprendre certains hauts dirigeants drapés dans la vertu de leur performance, souvent d'ailleurs pour justifier leur rémunération indécente, alors même qu'ils ne sont pas en mesure de garantir la survie à long terme de leur entreprise. Nous sommes face à un modèle qui est appelé à être remplacé par un autre. Le problème est que la majorité des leaders actuels ne sont pas formés et n'ont pas l'envie de s'engager vers ce nouveau modèle. Ce qui ne veut pas dire que ce ne sont pas des hommes ou des femmes généreux, mais plutôt que leur parcours les a rendus autocrates. Les attributs du pouvoir sont en règle générale éloignés de l'humanisme. Pour que l'entreprise devienne une véritable aventure humaine, il va falloir remodéliser les modes de rémunération des hauts dirigeants, bien sûr, et penser un nouveau leadership. De même, ces derniers devront reconquérir une légitimité en recréant un lien d'affection avec leurs salariés.

Le verbe *aimer* est le moins utilisé par les grands chefs d'entreprise, à croire qu'il exprime une faiblesse, pire que son influence pourrait être nuisible. Comment espérer obtenir le meilleur d'autrui si on ne lui donne pas le meilleur ? Comment espérer être aimé – c'est le vœu de chaque dirigeant – si soi-même on ne sait pas décliner ce verbe actif ? Comment peut-on espérer porter une aventure humaine sans ce don de soi induit par ce verbe ? Aimer est le meilleur antidote au repli sur soi, à l'égoïsme ; c'est aussi le meilleur ambassadeur en matière de réputation ; les idiots au cœur de pierre ont rarement bonne réputation ! Osons le verbe aimer !

Fort heureusement, il y a des alternatives au modèle des groupes financiers. Les meilleurs exemples d'aventure humaine proviennent souvent d'entreprises à capitaux familiaux. J'ai la chance de travailler pour quelques-unes d'entre elles, dont la société anonyme des produits

Marnier-Lapostolle, créée en 1827 par Jacques Marnier-Lapostolle, dont la famille est toujours aux commandes du fabricant du Grand Marnier. Celle-ci n'est mue que par l'histoire qui la lie aux générations successives de salariés qui se sont succédé sur les sites du groupe. La saga du groupe, c'est le produit et les hommes. L'attachement de la famille Lapostolle à ses équipes fonde sa crédibilité. Il ne s'agit pas ici de stratégie RH, mais bien d'une personnification de l'entreprise dans le plus grand respect d'autrui, avec engagement et humilité. Ce type d'entreprise mérite d'être davantage connu, mais se heurte à sa propre pudeur génétique. Il s'agit non pas du « pour vivre heureux, vivons cachés », mais d'une discrétion de bon aloi.

Danone est probablement l'un des meilleurs exemples de marques spiritualisées en Europe, avec un véritable contenu en matière d'éthique et d'engagement sociétal. L'engagement de la marque – « Apporter la santé par l'alimentation au plus grand nombre » – dépasse la simple dimension économique. Être le champion mondial de la santé par l'alimentation transcende en effet le fait de vendre des produits laitiers et de l'eau minérale. Et cette raison d'être agrège tous les « Danoners ». Les semences ont été plantées par le père, Antoine Riboud, et cultivées par le fils, Franck Riboud. Ce dernier habite la parole de son groupe et son engagement est la référence en matière d'exemplarité interne. Mais quid de l'après-Riboud ? Le risque est que la spiritualité de Danone ne devienne qu'un bréviaire ; le vrai succès de Franck Riboud sera sa succession et sa transmission de valeurs. À suivre.

Autres enseignes référentes sur l'exclusivité humaine, Bricoman et Leroy Merlin du groupe Adeo ; ces deux entreprises de bricolage ont en commun une valorisation de l'humain exceptionnel qui porte chacun dans une dynamique collective remarquable. Plus petit que son aîné, Bricoman est mû par son esprit d'équipe qui transforme chacun de ses magasins en un pôle collectif à part entière. Être Bricoman est une évidence, vouloir contribuer au progrès de l'enseigne, une finalité pour sa

DRH Laurence Pierron qui inscrit son action dans l'évolution permanente de l'entreprise.

On pourrait multiplier les exemples plus ou moins connus d'entreprises faisant grand cas de l'humain, du très discret groupe fromager Bongrain, déjà cité, au mythique Chanel, en passant par Bouygues Telecom, Colas, MACSF ou encore le groupe Global Concept. GiFi dont j'ai déjà parlé et Tereos (lire encadré) comptent parmi les deux plus remarquables aventures humaines qu'il m'a été donné de rencontrer, la première du fait de la personnalité de son dirigeant autodidacte, la seconde par la combinaison aussi gagnante qu'inattendue entre saga familiale et statut coopératif.

Le point commun entre toutes ces entreprises est qu'elles deviennent des aventures à vivre dès lors qu'elles se protègent de la technocratie managériale. Le respect et la reconnaissance des personnes sont la clé de leur réussite, car le respect est le moteur de la performance et la reconnaissance le carburant de la différenciation.

Le seul problème de ces entreprises vertueuses, beaucoup plus nombreuses qu'on ne le pense, c'est leur difficulté à mettre en avant leur valeur ajoutée humaine alors même qu'elles devraient servir de modèle et d'exemple au plus grand nombre.

Aujourd'hui, j'encourage les grands leaders à aller benchmarker des PME, à regarder de près ces petites entreprises qui soulèvent au quotidien des montagnes sans offrir le dixième des avantages sociaux garantis par les grands groupes, mais qui offrent l'essentiel : une vraie dimension humaine. Ces modèles ne se mettent pas en avant soit parce qu'ils n'y pensent pas, soit par pudeur. De plus, les médias n'étant que peu enclins à valoriser l'exemplarité ne courent pas après eux. Loin des grands classements à la mode des employeurs de références, ils sont pourtant des cas dont on peut s'inspirer pour bâtir ce monde nouveau.

L'économie a besoin de nouveaux référents ; le forum « Osons la France » d'Aude de Thuin, la célèbre fondatrice du Women's Forum, le clame haut et fort : « Il y en a marre d'entendre toujours les mêmes ! » Comme en politique où l'on a du mal à faire émerger de nouveaux talents, le monde de l'entreprise perpétue l'omniprésence de dirigeants, certes charismatiques, de 70 ans et plus, érigée en pythie d'un nouveau monde alors même qu'ils furent souvent les artisans de l'ancien. Les médias vont même jusqu'à décerner le titre suprême de « parrain du capitalisme » accréditant la thèse d'un monde opaque où tout se trame indépendamment de l'intérêt humain. Mettons en avant de nouveaux leaders porteurs de rêves et d'ambition généreuse. La seule création d'emploi ne peut plus être la seule source de respect d'un dirigeant, son engagement humain l'est bien plus. Être moralement intouchable sous prétexte que l'on a créé 10 000/100 000 emplois n'est plus acceptable. Quelle valeur ajoutée humaine a-t-on créée réellement ? Là est la vraie question !

De même, les acteurs de l'économie sociale, souvent regardés avec dédain par les compétiteurs marchands traditionnels, peuvent aussi servir de référence tant l'attachement des salariés à leur philosophie est spectaculaire. Les mutuelles sont un exemple atypique fondé sur des valeurs humaines fortes et capables d'associer croissance, performance et humanisme.

En 2012, avec mes équipes, nous avons eu le privilège d'être choisis par la Maaf pour l'aider à bâtir sa stratégie de réputation employeur et développer son attractivité. Sous l'impulsion de sa DRH, Véronique Joly, et après avoir interviewé les dirigeants, nous avons animé plusieurs tables rondes avec des salariés de tous métiers et de toutes tranches d'âges. Ce qui fut le plus marquant est cette identification des individus à l'entreprise. « Maaf c'est moi et vice versa. » Cette solidarité unanime crée une force, un état d'esprit proche de la notion de grande famille (tout le monde se tutoie et se fait la bise…). Être Maaf ne se décline qu'au pluriel, c'est être ensemble. Cette réalité s'est forgée au fil du temps et des épreuves sans aucun artifice de com, c'est la vie Maaf tout simplement. L'exclusivité humaine de Maaf fait partie intégrante de chacun.

En revanche, il faut se méfier des slogans censés fédérer mais qui réclament une pédagogie au quotidien s'ils sortent du chapeau d'un service de communication, à l'exemple de GDF Suez qui s'est doté d'une formidable signature « Être utiles aux hommes ». Formidable, mais un important défi en interne tant l'entreprise se doit d'être exemplaire avec ses propres salariés, notamment pour la DRH ! Créée par le service communication et une agence de publicité, cette formule met la barre haut en matière de management et d'accompagnement ; y compris pour son président, Gérard Mestrallet, manager emblématique remarquable mais qui ne brille pas par sa capacité à habiter un message humain fort et distinctif, lisible de l'extérieur. Mais ne boudons pas notre plaisir créatif, « Être utile aux hommes » ne peut que faire avancer le débat.

La transmission, composante de la marque maillot chez Tereos

La société Tereos est un modèle d'aventure humaine très particulier. Ce géant international de plus de 4 milliards d'euros de chiffre d'affaires et de 26 500 collaborateurs est plus identifiable par sa marque grand public, Béghin-Say. Tereos est en effet un des grands sucriers mondiaux, avec 39 sites industriels en France et à l'étranger (jusqu'au Brésil). C'est surtout une société un peu particulière puisqu'il s'agit d'une coopérative agro-industrielle, détenue par 12 500 agriculteurs associés. La coopérative a été fondée en 1932 avec la création d'une distillerie de betteraves à Origny, dans l'Aisne, à laquelle a été ajoutée une sucrerie vingt ans plus tard sous la présidence de l'agriculteur Jean Duval. Son fils, Philippe Duval, est l'actuel président de Tereos. Les dirigeants d'une coopérative agricole ne sont pas les représentants d'un capital familial mais les représentants d'une transmission. Ils ont tous en commun de servir un intérêt collectif et de le transmettre en le bonifiant. Tereos, acteur de la concentration du secteur sucrier, a ainsi multiplié par cinquante sa production en vingt ans. Il revendique une vision à long terme de l'agriculture, qui englobe la valorisation des ressources naturelles, la création de nombreux débouchés pour les productions agricoles et la réduction de l'impact environnemental. Dans la tradition agricole, le patrimoine et la transmission sont des valeurs de référence. Dans la notion de marque-maillot, la transmission est essentielle.

Chapitre 10

Les sept clés de la confiance

Première clé de la confiance : la marque • Deuxième clé de la confiance : le leadership humain • Troisième clé de la confiance : la transparence • Quatrième clé de la confiance : l'exemplarité • Cinquième clé de la confiance : la tolérance • Sixième clé de la confiance : le partage • Septième clé de la confiance : le respect

La confiance, nous l'avons vu tout au long de ces pages, ne se décrète pas. L'obtenir ou la restaurer est un défi à la fois organisationnel, humain, économique et plus globalement, à l'échelle du pays, un défi éducatif. C'est le défi des dix ans à venir dans la société civile comme dans le monde de l'entreprise, en France comme ailleurs. Sans confiance le pire est à craindre.

Dans ce chapitre, loin de moi l'ambition de donner la moindre leçon, ami lecteur, et encore moins de formuler une recette miracle capable en un claquement de doigts de renouer avec ce bien si précieux.

Durant toutes les étapes précédentes de ce livre, nous l'avons vu, la défiance et le manque d'adhésion des salariés/citoyens au sens de l'engagement total, celui qui relève d'une cause, d'un combat (cadres dirigeants compris) est le fruit d'une trentaine d'années en pente douce puis brutale depuis dix ans, d'une errance de sens, d'un repli sur soi et de la modélisation de dirigeants en perte d'humanité.

L'enjeu, énorme, est de réhabiliter l'image de l'entreprise au sein de la cité. L'entreprise n'en fait plus vraiment partie alors qu'elle fait vivre tous ses citoyens. Elle est à côté, comme en dehors du monde, de la vraie vie, des aspirations de chacun… À l'image de ces grands groupes aussi impersonnels que multinationaux, mais aussi de l'incompétence des politiques qui n'ont toujours rien compris en France à la vraie vie en entreprise. Ayons à l'esprit l'arrogance et le mépris avec lesquels fut traité le groupe Peugeot, qui figure parmi les plus vertueux et innovants sur le plan de la gestion RH, ou encore le silence mesuré du désormais fameux « Casse-toi, riche con » de *Libération*.

Réhabiliter l'entreprise est un chantier titanesque qui n'est absolument pas une opération de communication ou de marketing. C'est un chantier de fond, culturel et même identitaire. Il y faudra de la foi. Du cœur aussi.

Je ne me résigne pas à admettre ces poncifs qui rabâchent sans relâche « en France on n'aime pas les entreprises, on déteste les patrons, encore plus les riches… » ; au contraire, il y a urgence à les valoriser car sans les entreprises, sans ces aventuriers modernes, que deviendrait le pays ? L'humour très *british* du Premier ministre anglais prêt à dérouler le tapis rouge à nos entreprises, imité d'ailleurs par d'autres dirigeants, ne m'a pas fait rire à l'époque mais m'a attristé au plus haut point. L'entreprise est l'avenir d'une nation ; elle est aussi un lieu de vie unique au cœur de la vraie vie de tous. Elle est son espoir.

Le véritable challenge est de sonner la mobilisation non seulement des salariés, mais aussi de toutes les parties prenantes. Les clés de la reconquête de la confiance reposent sur des valeurs. Malheureusement, mon expérience, ami lecteur, me laisse perplexe quant à la capacité des décideurs actuels de prendre la pleine mesure du défi tellement ils s'installent dans des certitudes d'un monde révolu pour beaucoup. Regardez comment, pour redorer l'image de la France, abîmée durablement par notre dogmatisme social, les 35 heures, et par l'image de partenaires sociaux, uniquement partenaires de leurs propres intérêts historiques, on sort du chapeau une énième campagne de com sur le thème du Made in France. On invente le redressement durable confié à une personnalité qui ne connaît bien sûr rien du monde de l'entreprise. Risible et pathétique. Dans notre monde d'incertitudes, l'entreprise navigue à vue dans un brouillard indéfini, dénuée d'un pilote ou d'une vigie capable de voir au-dessus ou au-delà de cette brume au profit de chefs désincarnés, les actionnaires, les marchés, les fonds. Chacun s'affaire sur ce bateau ivre dans un réflexe de survie, sans aucune assurance de suivre la bonne direction mais en essayant de donner le change, d'avoir la bonne posture.

En France, bien plus qu'ailleurs, on aime créer des lois, des codes, des sigles qui permettent d'avoir bonne conscience (diversité, handicap, RSE, risques psychosociaux…). Généralement utiles pour faire bouger les lignes, ils soulignent trop souvent l'écart entre la quête de respectabilité et la vraie vie. De même, je les ai déjà évoquées, toutes ces enquêtes quantitatives qui enrichissent les cabinets d'études et donnent bonne conscience sur le climat social, sur les risques sociaux à des dirigeants qui passent à peine 20 % de leur temps au milieu de leurs troupes. Un exemple vécu qui m'a écœuré : un grand groupe de distribution se lance, après deux ans de vagues successives et massives de licenciements, dans une étude sur les risques psychosociaux. L'objectif, donner l'image d'un groupe attentif à ses salariés. De manière concomitante, un cadre dirigeant au bord du *burn out* confie son souhait de quitter l'entreprise en ne demandant qu'une simple rupture conventionnelle. Avec des problèmes personnels et une lassitude professionnelle, ce cadre brillant était à deux doigts de commettre l'irréparable ! Alerté par son N+1, le N° 2 RH le reçoit, l'écoute en cherchant à lui apporter le réconfort de circonstance. Son objectif : aider ce cadre méritant et être en conformité avec l'image voulue pour le groupe. Se tournant ensuite vers sa DRH qui venait de commander à prix d'or la fameuse enquête sur les risques psychosociaux, ce grand professionnel RH reçut une fin de non-recevoir de la part de sa DRH illustrée d'un « qu'il aille se faire voir » ! Je vous sais choqué par l'usage de ce type d'exemple brutal et ô combien caricatural ; bien sûr que des responsables aussi pitoyables sont rares, fort heureusement, mais au-delà de l'extrême violence du propos rapporté, vous pouvez être sûr que tant qu'il y aura des décalages plus ou moins importants entre l'être et le paraître, entre le vécu et « la com », la confiance restera une belle allégorie.

Avant d'entrer dans le détail des clés de la confiance, retenez bien une chose : aucune de ces clés ne relève de l'exercice de style. Soit on les assume, soit on passe son chemin car jouer avec les sentiments des salariés ou, pire, chercher à les manipuler s'avérera redoutable pour l'entreprise. Le besoin de fixer un cap se fait plus que jamais sentir. Quels que soient le secteur d'activité ou la conjoncture économique, ces sept règles simples permettent de le définir et ainsi d'espérer mériter la confiance de ses parties prenantes.

Première clé de la confiance : la marque

Tout doit partir de la marque. Celle-ci constitue l'ADN de l'entreprise. Elle doit donc être extraite de sa gangue marketing pour faire apparaître sa véritable réalité sociologique et identitaire. La marque, c'est moi, mon entreprise, mon maillot. Les gens doivent se projeter en elle, la vivre, la revendiquer, la porter ; pour cela, il faut la rendre visible, animée et véhiculée comme un véritable projet identitaire. L'objectif est d'en faire une source de fierté, un élément du changement permanent aussi. Plus la marque sera attractive et ambitieuse, plus elle emportera l'adhésion et la confiance. Et surtout, une marque vigoureuse est le plus efficace des garde-fous contre l'arrogance des ego. Car tout ce qu'un P-DG ou un directeur général mettra en œuvre, il sera censé le faire au nom de la marque, au nom de ce bien immatériel partagé par tous, actionnaires, salariés, clients, et dont l'entretien minutieux est une garantie de pérennité de l'entreprise. Elle transcende les missions, les métiers. Elle est une cause, elle est *la cause* pour laquelle on s'engage, on se donne, on se bat. Redimensionner la marque en Graal fait écho à la notion de spiritualité d'entreprise qui fait peur à tant de personnes craignant les amalgames avec les sectes et autres confréries bizarroïdes. Bien au contraire, la marque est le rempart à ses dérives. Dans tous les domaines économiques, les groupes leaders ont tous en commun une marque forte qui habite la parole des dirigeants, qui unit les équipes, séduit les candidats, flatte les clients et qui surtout terrasse, intrigue les concurrents. Citons à nouveau pêle-mêle Décathlon, Google, Apple, Microsoft, Nike, Porsche, Ikea, Michelin… De la marque découle en effet la vision et les stratégies RH (faire des salariés les militants de la marque), marketing (faire des clients les fans de la marque), financières (faire des actionnaires/marchés les partenaires de la marque), R&D (faire de l'innovation la raison d'être de la marque), sociétales (faire de l'opinion publique le grand témoin de la citoyenneté de la marque)…

Deuxième clé de la confiance : le leadership humain

L'intérêt de la marque étant la boussole du dirigeant, son management fera appel à un nouveau type de leadership. La performance réelle des leaders de demain se mesurera à l'aune de leur capacité à agréger et à démultiplier les énergies, bref à être suivis comme un seul homme et du haut en bas de l'échelle par leurs collaborateurs. Rien de neuf me direz-vous et vous aurez raison, à ceci près que, de nos jours, les intérêts partisans et égocentriques ont pris le pas sur l'intérêt collectif. Cette force mobilisatrice est la source, sur le long terme, du développement du chiffre d'affaires, de l'augmentation de la marge et de la hausse du cours de la Bourse. Il n'y a aucune gloire à faire du chiffre ou de la performance boursière si les équipes ne sont pas le moteur fier de cette réussite. Car leur bien-être est une garantie de pérennité de l'entreprise.

Le nouveau leadership est aussi un leadership de la durée. Qu'importe si le mandat du patron ne dure que cinq ans. Rien ne l'empêche de pallier la durée déterminée de son contrat en s'immergeant au préalable dans l'histoire de l'entreprise puis, une fois en fonction, en gardant systématiquement à l'esprit le principe de préservation des valeurs de la marque et enfin, avant de quitter son poste, en faisant acte de transmission. Les nouveaux leaders devront laisser leur ego au vestiaire. Le dirigeant est le garant du maillot. L'adhésion des équipes, leur engagement et leur capacité à se revendiquer de la marque est l'autre réussite du leader de demain, celle du cœur. Un jour sûrement, elle sera reconnue à sa juste valeur.

Le leader de demain pratiquera un management de proximité. Il sera exigeant et généreux à la fois. Cerveau gauche et cerveau droit. Il sera à l'écoute. Aimer ses équipes sera un postulat managérial. Nous éprouvons des complexes à assumer un tel comportement, car notre culture nous incline à éviter le mélange des genres souvent qualifié de copinage. Mais cette réticence finit par créer de la défiance. La générosité et l'affect peuvent déclencher la confiance, à condition de ne pas tomber dans la manipulation. Il ne s'agit pas de réinventer un paternalisme désuet, mais de dessiner un leadership harmonieux, équilibré entre valeurs masculines et féminines, faisant de l'autre un allié et non un outil du succès ! Luc Ferry écrivait : « Les gentils ont de l'avenir », il n'a sûrement pas tort et je pense même que les cyniques ont du souci à se faire… N'ayons pas peur d'être gentils. Osons-le, la vie ne peut qu'en être meilleure.

Enfin le leadership sera créatif : créatif dans sa manière de communiquer, créatif dans sa capacité à emmener les équipes sur les chemins de traverse qui eux seuls pourront faire la différence face aux réflexes de la normalisation, créatif aussi pour permettre à chacun de se réaliser dans une logique de partenaire et non de subordonné.

Le manager guide évoqué dans ce livre saura faire de son leadership une posture d'écoute et d'ouverture aux autres. Il développera une forme de résilience ; elle aide chacun à mieux gérer les risques et les échecs, et permet de poursuivre sereinement sa route.

Troisième clé de la confiance : la transparence

Le devoir de transparence est un fait de société. Il commence à s'imposer dans l'entreprise. Ce qui est sans doute l'évolution la plus déstabilisante pour la gouvernance. La transparence ne doit cependant pas devenir un dogme, car comme tout dogme, elle serait détestable. L'entreprise n'est pas une démocratie et ne le sera jamais ; il n'y a donc pas de sens à tout mettre sur la table. Certaines informations ne concernent pas tout le personnel ou toutes les parties prenantes. Les secrets de fabrique ne doivent pas être sacrifiés sur l'autel de la transparence. En revanche, celle-ci suppose d'adopter une pédagogie des décisions prises et des actions menées. On ne pourra pas prétendre sans prouver, ni susciter l'adhésion sans faire comprendre. La transparence se déclinera à plusieurs niveaux de la relation. Transparence en donnant du sens *via* la marque à la stratégie, transparence dans la légitimité des décisions par l'exemplarité et non par l'autoritarisme, transparence dans les attendus par une lisibilité objective des droits et devoirs de chacun, transparence dans les sanctions positives comme négatives… Mais aussi transparence dans les échecs et les doutes. Une entreprise en corpus humain se doit d'avoir un code d'honneur qui élève chacun de ses membres en source de son équilibre. La transparence en est le ciment qui unit chaque pierre pour viser l'harmonie. Faisant partie intégrante du nouveau leadership, la transparence trouve dans les nouvelles technologies des outils d'expression incroyables. Plus aucun dirigeant ne peut rester dans sa tour d'ivoire ; il devra « apprendre », non plus à communiquer, mais à se faire comprendre en osant la confrontation de sens avec ses équipes. La transparence va imposer un nouveau dialogue social direct entre direction et salariés. Il ne s'agit pas de court-circuiter les représentants du personnel, mais d'assumer un droit réciproque de communication. De même, la transparence va fluidifier et décloisonner les équipes au profit de l'émergence des réseaux sociaux internes permettant à chacun, en toute transparence donc, de communiquer avec ses collègues… La transparence est un rempart à la lâcheté et au cynisme.

Pour illustrer cette notion, je prendrai, ami lecteur, un dossier que j'ai eu à gérer : la fusion de deux grosses entreprises qui commençait à être bloquée côté syndicats mais qui surtout développait une crise d'angoisse en interne croissante. La DRH, les juristes avaient la main sur le dossier mais avaient fini, à force de le traiter sous l'angle technique, par créer un vrai contexte de crise, oubliant que derrière chaque fusion, il y a avant tout des êtres humains et un projet. Le peu de communication avait eu l'effet inverse de celui attendu en créant de la suspicion. Ma rencontre avec le futur DG fut décisive : j'ai rencontré un jeune homme brillant, qui avait une ambition folle pour le projet et une envie de bâtir incroyable. De plus, il m'assura, alors que la rumeur faisait craindre pour les emplois, qu'il n'y aurait aucune casse sociale et que tous les emplois seraient maintenus. Un vrai chef que ses conseillers juridico-sociaux ne laissaient pas s'exprimer ! Avec mon équipe, nous avons débloqué la situation en quelques semaines en misant tout sur la transparence :

1. en sortant des fantasmes en confrontant tous les points de vue *via* des tables rondes rassemblant des salariés des deux entreprises à fusionner sur le thème de l'après-fusion et comment bâtir un leader de demain. Les résultats et les commentaires furent l'inverse de ce que croyaient les fameux conseillers. Édifiant ;

2. en dotant le futur DG d'une sémantique de bâtisseur et non de « fusionneur » ; son projet était de créer une entreprise. Pour exemple, j'ai banni de son vocabulaire le mot fusion au profit de celui de création d'entreprise ;

3. en prouvant la transparence : fort des remontées des tables rondes, nous avons organisé un tchat entre le futur DG et l'ensemble du corps social sur le thème « zéro question taboue ». Une heure trente d'échanges et de réponses. Un vrai moment de vérité qui permit de désamorcer tous les problèmes, mais surtout de recréer de la confiance ;

4. en rassemblant en toute transparence : une convention permit de réunir l'ensemble des équipes qui fortes des points précédents s'étaient mises en mouvement pour les rendre totalement acteurs du futur à bâtir. Cette manifestation fut l'acte fondateur, fusionnel, qui lança la nouvelle entreprise. Un chef, un projet, des équipes acteurs et la transparence de la relation en fil conducteur.

De cet exemple, il faut retenir l'importance de la transparence assumée au plus haut niveau de l'entreprise. C'est l'essentiel.

Quatrième clé de la confiance : l'exemplarité

La défiance à l'égard des formes d'autorité et de pouvoir est la résultante d'années d'isolement et de démagogie des élites. Ce constat basique, nous le faisons tous au quotidien, ami lecteur, en politique comme en entreprise. Ce rejet des standards du pouvoir repose sur l'incohérence des actes et des paroles, sur le reniement des engagements et l'incapacité à reconnaître ses erreurs, voire à dire que l'on ne sait pas. Le mythe du superhéros a fait long feu sur l'autel des Guignols de l'info. Avec le Web, la moindre trahison est rendue publique immédiatement. L'adhésion des salariés suppose d'ériger l'exemplarité en règle de vie pour tous. Le chacun pour soi, le cynisme à tous les étages, les mesures non respectées par ceux qui les décident, sont extrêmement nuisibles à la réputation de l'entreprise. Le réflexe de chercher des boucs émissaires aussi. Le chef intouchable qui sait où sont les coupables – forcément dans un autre bureau que le sien – est une déviation. Le chef ne peut certes pas porter tous les chapeaux. Mais s'il est président, c'est qu'il a des capacités supérieures et doit donc assumer ses responsabilités. Je suis effaré de constater le nombre de dirigeants qui se plaignent de leurs managers, oubliant juste au passage qu'on n'a que les managers que l'on mérite… 69 % des managers en France déclarent que leur N+1 n'est pas un exemple (Congrès HR 2012)…

L'exemplarité est par essence multifacette mais repose sur une règle d'or : faire ce que l'on dit, dire ce que l'on fait !

Un manager ne peut louer son capital humain et sa foi en ses équipes et ne jamais leur rendre visite. *L'exemplarité est proximité.* Un manager ne peut critiquer les résultats sans avoir tout mis en œuvre pour la compréhension du sens de l'action. *L'exemplarité est pédagogie.* Un manager ne peut gérer les coûts de sa masse salariale sans s'appliquer à lui-même la même rigueur. Il faudra en conséquence avoir le courage de revoir sa grille de rémunération afin d'en éradiquer tout bonus non relié au risque entrepreneurial, tout mécanisme qui pervertit la relation humaine. Ce débat sur la rémunération des patrons dépasse le cadre de l'Hexagone ; il est mondial. En France, pour l'heure, il reste démagogique à l'exemple de la décision gouvernementale de limiter la rémunération des mandataires sociaux des entreprises publiques à 450 000 €, soit 20 fois la moyenne des 10 % des salaires les plus bas de ces sociétés. Ils risquent d'être moins bien payés, non seulement que leurs collègues installés à l'étranger, mais aussi de certains membres des comités de direction qu'ils ont nommés… Revoir les grilles des bonus des patrons ne veut pas forcément dire les payer moins mais leur imposer des critères les plus objectifs possibles, liés à leur performance à la fois économique et humaine. Qu'ils deviennent millionnaires après avoir transformé leur entreprise en aventure humaine, c'est-à-dire en ayant atteint les objectifs quantitatifs qui leur ont été fixés tout en fédérant leurs employés et en embellissant la réputation de la marque, ne me choque pas. À l'inverse, verser un *golden parachute* au manager licencié parce qu'il n'a pas réussi, le prévoir dans son contrat avant même qu'il ait commencé est moralement inacceptable. Le leadership doit rester financièrement honnête. L'exemplarité est aussi une forme de réhabilitation du chef. *L'exemplarité est équité et justice.*

Nombre de groupes ont depuis longtemps fait de l'exemplarité un moteur et conditionnent la rémunération de leur encadrement à des critères de performances RH ou encore font de la proximité du dirigeant une marque de fabrique. Ceux-là, généralement, passent les crises avec succès. Quand des leaders s'engagent à être exemplaires, sans se mettre à l'abri de leurs managers, c'est toute l'entreprise qui respire la confiance. Je me demande comment il est possible aujourd'hui que la majorité des dirigeants refuse encore de tenir un blog, d'ouvrir les réseaux sociaux à leurs salariés et d'en créer en interne, ou tout simplement de passer plus de temps au contact du terrain. *L'exemplarité est aussi physique.*

Mais n'oublions pas aussi que l'exemplarité passe par la valorisation des droits et devoirs de tous et la capacité à sanctionner la non-exemplarité. En ce sens, je citerai Jack Welch, l'emblématique patron de GE qui avait l'habitude de dire : « Chez GE, il y a trois catégories de cadres, ceux qui croient en nos valeurs, les portent et les défendent et qui atteignent leurs objectifs, ceux-ci leur avenir est tout tracé ; il y a ceux qui atteignent leurs objectifs mais se moquent de nos valeurs, ceux-là il faut s'en séparer au plus vite et il y a ceux qui n'atteignent pas leurs objectifs et qui se moquent de nos valeurs, là non seulement il faut les virer mais avec eux, ceux qui les ont recrutés ! »

Cinquième clé de la confiance : la tolérance

La tolérance est en passe de devenir une vertu du XXIe siècle. Une valeur féminine qui s'oppose aux postures viriles d'antan mais répond aux besoins de prises de risques, d'implication et d'adaptation d'une époque changeante. Les jeunes appartiennent à une génération apprenante. Ils doivent bénéficier d'un certain droit à l'erreur. Chercher la perfection immédiate, sanctionner brutalement la moindre défaillance, revient à instaurer une dictature de la performance, qui ne permettra pas d'instaurer la confiance.

Qu'on ne s'y trompe pas, tolérant ne veut pas dire laxiste. Le pendant de la tolérance, c'est une charte des droits et des devoirs qui sert de grille d'analyse, évite le piège de la subjectivité et rend la marge d'interprétation des règles acceptable pour tous. La tolérance est une forme de courage à assumer. Quand on est chef, c'est bien plus facile d'être intolérant en effet. La tolérance impose la connaissance de l'autre et des situations et évite les jugements à l'emporte-pièce. Mais le courage de la tolérance est de savoir aussi sanctionner en assumant les impératifs culturels de la marque et des règles de vie partagées. La tolérance est également source de créativité. De par l'écoute qu'elle impose, elle invite à la réflexion, à la confrontation positive et à l'élaboration de pensées « hors normes ». La tolérance est source d'adaptation et d'ouverture. Entre le noir et le blanc du damier des joueurs d'échecs existe une couleur indéfinie, ni blanche ni noire, une couleur invisible qui les unit pourtant… La tolérance est une qualité à développer dans le management des contradictions.

Un outil sous-valorisé est pourtant à la portée de tous et illustre bien cette notion de tolérance : l'entretien annuel d'évaluation ou de performance. Aujourd'hui, dans nombre d'entreprises, ce moment censé être privilégié, comme nous l'avons vu, est vécu soit avec crainte, soit agacement, rarement avec enthousiasme. La principale raison est que les gens ont le sentiment qu'il ne sert à rien, qu'ils vont être jugés et que rien n'en ressort jamais. Imaginez, ami lecteur, des managers formés à la tolérance, ça changerait tout !

Sixième clé de la confiance : le partage

Le partage est une réponse à la question : pourquoi et à quoi je sers ? Et il doit être envisagé dans toutes ses dimensions. Partage de la stratégie d'abord : la moitié des salariés ne comprennent pas celle de leur groupe. Or la stratégie est une affaire trop sérieuse pour être déléguée aux seuls stratèges. Il est nécessaire de la faire sortir du cercle des initiés pour la rendre accessible au peuple salarial… Afin que les employés sachent pourquoi ils se battent.

Le devoir de partage passe aussi par l'affect, par les émotions. Une bête à sang froid 100 % économique aura beaucoup plus de mal à faire passer un message. Elle aura toutes les peines à créer l'adhésion et, à la limite, générera plus d'angoisse que de confiance. Le partage fonctionne dans la proximité.

Mais, comme on l'a vu, les relations de haut en bas ne résument pas l'intégralité des échanges au sein de la communauté de vie qu'est l'entreprise. Le partage transversal en est une composante essentielle qu'il convient de stimuler. Les entreprises doivent tout faire pour favoriser leurs réseaux sociaux internes. Le partage de l'information et des expériences doit entrer dans l'ère de l'entreprise 2.0.

Le partage des résultats, enfin, est essentiel. En France, nous avons la chance de bénéficier de dispositifs légaux sur la participation et l'intéressement, qui s'appliquent aux entreprises de plus de 50 salariés. Mais cela ne dispense pas de mettre en place des systèmes de rémunération qui permettent aux plus méritants d'être mieux récompensés de leurs efforts. Le syndrome de l'égalitarisme qui mine notre pays dévalorise toutes notions de performance. Les entreprises développent une multitude d'avantages sociaux et pourtant le salarié français continue à ne regarder que le bas de page de son bulletin de salaire. Pire, en France, nous avons, comme nous l'avons vu, l'obsession du salaire fixe, y compris chez les jeunes. Il faut réhabiliter le variable, car ce dernier est le seul à même de transformer le salarié en entrepreneur de son propre revenu. Dans les faits, le variable reste très ciblé sur les commerciaux. Il n'existe presque pas dans les fonctions support. Les grilles de salaires type fonction publique sont catastrophiques pour la dynamique collective. L'égalitarisme brise les ailes de la méritocratie et limite le partage économique.

Les bulletins sociaux individualisés (BSI) vont dans le bon sens en permettant à chacun de prendre conscience de tout ce qu'investit l'entreprise en eux en avantages non sonnants et trébuchants.

SEPTIÈME CLÉ DE LA CONFIANCE : LE RESPECT

Si la marque n'était pas aussi centrale, le respect pourrait être la première clé de la restauration de la confiance. Autant donc boucler la boucle en le plaçant en dernier – étant entendu que l'ensemble du trousseau, quelle que soit la numérotation de chaque item, doit être considéré comme un tout. Respect des engagements, respect de la parole, respect des valeurs, respect des différences, respect des contradictions, respects des idées… Le respect est la clé essentielle de l'existence de chacun par et avec l'autre, cet alter ego dont je dépends directement ou indirectement. Seuls les rapports de force polluent cette notion phare – le pouvoir, la relation dominant/dominé liée au lien de subordination, l'âge et/ou l'ancienneté… Chacun aspire à être reconnu, encore plus dans un monde en crise qui pratique l'exclusion. Le respect est une attente très forte des citoyens salariés lesquels se sentent, dans les grands groupes comme face aux atermoiements des mouvements politiques, trop souvent considérés comme des numéros. Pour le manager, il se manifeste par une écoute attentive et vigilante, autrement dit par de l'empathie. Une attitude à bien distinguer de l'assistanat, qui est une fausse forme de reconnaissance et à ce titre une marque de non-respect. Le respect porte au contraire en lui une reconquête de l'individu, de la maîtrise de son temps, de son savoir-faire et de son sens des responsabilités, de toute la dimension humaine de l'organisation.

L'exigence est le pendant du respect. Si je déclare « je vous respecte » et si je le prouve par mes actes, je suis en droit d'exiger de vous le meilleur. Si je ne l'obtiens pas, alors que je sais que vous pouvez faire mieux, c'est vous qui ne me respectez pas. Et si j'accepte ce manquement, je deviens implicitement complice de votre médiocrité. Alors que si j'exige le meilleur au nom du respect que je vous porte, vous serez plus enclin à vous surpasser et l'entreprise ne s'en portera que mieux…

Dans les faits, mettre en œuvre, au quotidien et dans la durée, ce principe très basique de respect requiert une vraie autodiscipline, tant le cynisme et le manque de courage dominent les relations dans l'entreprise… Des comportements très masculins heureusement battus en brèche par la montée des valeurs féminines dans la société et au sein de l'entreprise, qui fondent, avec les réseaux sociaux, l'un des piliers de la révolution humaine en cours !

La marque, le leadership humain, la transparence, l'exemplarité, la tolérance, le partage, le respect… Je sais, ami lecteur, nous arrivons à la fin de ce livre et vous vous dites, quel doux rêveur ce Pitelet… Mais n'en avez-vous pas assez de tous ces discours sur le mal-être, sur tous ces problèmes, de ce verre en permanence à moitié vide, de ces critiques gratuites et de ce fatalisme ambiant qui conclut toujours les bonnes discussions de salon par un désespérant « mais qu'est-ce qu'on peut faire » ? *Regardez bien ces 7 clés de la confiance* : sont-elles inaccessibles ? Révolutionnaires ? Démagogiques ? Bien sûr que non ! Elles sont à la portée de tous, de vous, de moi, de l'ensemble de celles et ceux, hommes et femmes de bonne volonté, convaincus que le monde à inventer est entre nos mains.

Alors, pourquoi subir au lieu d'influencer ? La révolution humaine, exogène à l'entreprise, va de toute manière tous nous aspirer ; le vrai enjeu est de l'accompagner par les lumières des sciences humaines et par la conviction que chacun, à son niveau, est un créateur de confiance en puissance.

À force de tout attendre d'autrui, on finit par oublier sa vie tout simplement. À force de faire porter sur les autres tous les maux, on finit par sortir du jeu. Si chacun de nous utilisait ces clés, voyez-vous comme le monde serait différent ? Si chacun de nous assumait ces clés, voyez-vous comme chacun s'assumerait mieux ?

Et vous, ami lecteur, voyez-vous ce que vous pourriez faire avec… je vous souhaite d'être maître de *votre* vie. Ces clés peuvent vous y aider, comme vous pouvez aider à inventer un monde qui peut vous ressembler. Ce monde-là, je nous le souhaite à tous.

Conclusion

Espérons, espérons, espérons

L'espoir, ami lecteur, nous est permis.

Ce livre ne vaut que par son vécu, il est gourmand de nature humaine dans sa globalité ; il est né d'un humble besoin de témoigner face aux dérives dont je suis trop souvent témoin, de dire non aussi. Non à la déshumanisation des relations, non aux attaques dont souffre la citoyenneté républicaine, non encore à un monde aseptisé. Vous n'êtes sûrement pas d'accord avec tout, fort heureusement, mais si j'ai pu vous convaincre que nous pouvons contribuer à bâtir un monde meilleur pour nos enfants, j'aurai atteint mon but.

Aujourd'hui plus que jamais, ce dont nous avons tous le plus besoin c'est d'espoir ; espoir pour avancer, pour bâtir, pour donner du sens. Cet espoir n'est pas une posture béate dans l'attente de jours plus sereins ; cet espoir est celui de l'action et de la responsabilisation. Il est fondé sur l'engagement, la loyauté et une formidable envie de croire en la jeunesse ; une jeunesse si différente et si proche à la fois ; une jeunesse qui n'est en rien responsable des maux décrits dans ce livre, mais dont les rêves sont un moteur pour demain.

L'espoir est une force magique, une puissance qui peut faire changer le monde. Chacun de nous a de l'espoir pour soi, ses proches ; chacun de nous peut le faire éclater au grand jour, le gueuler haut et fort. Que risque-t-on ? De perdre son job ? Peut-être, mais ne vaut-il pas mieux perdre son job que perdre son âme ?

L'espoir n'est pas à différer ; l'envie de changement qui s'impose, cette révolution humaine qui gronde un peu partout, nous donne une occasion unique de nous sentir acteur du « nouveau monde » et pas uniquement spectateur ou consommateur.

Les années à venir vont être agitées par l'hypocrisie et les soubresauts de l'Ancien Monde, mais elles vont dessiner les contours de nouvelles relations sociales, de nouveaux repères dans lesquels il nous est permis d'espérer.

Là où certains ne manqueront pas de l'assimiler à de l'utopie, l'espoir est le corollaire de la confiance ; ce livre, je l'espère vous aura fait vivre les exemples de leaders qui croient en l'intelligence collective qui crée de la richesse en faisant du respect et de la reconnaissance le moteur de l'action de leurs salariés, qui osent aussi utiliser le verbe aimer. Opinion publique, citoyens, consommateurs, salariés, candidats (…), tous attendent un nouvel équilibre humain, tous fondent, contrairement aux idées reçues, de formidables espoirs dans l'entreprise. La réputation employeur va s'imposer comme le pilier de la marque de demain ; le *corporate* humain est en train d'éclore débarrassé des artifices de com, c'est un fait.

Chacun de nous, avec les sept clés du dernier chapitre, peut faire bouger le quotidien, le sien comme celui des autres. Face aux mutations et tensions actuelles, les actes isolés peuvent prendre une portée insoupçonnée.

L'espoir c'est maintenant. C'est faire du travail utile une source de réalisation et, quitte à taquiner la « bobo attitude », le travail c'est la liberté du XXIe siècle.

L'espoir est une feuille de route qui place chacun sur son chemin de vérité, il a un prix, celui de la confiance.

Merci.

www.ingramcontent.com/pod-product-compliance
Lightning Source LLC
Chambersburg PA
CBHW060551210326
41519CB00014B/3442